OHSAMA BUNKO

心屋仁之助の「ありのままの自分」に○《まる》をつけよう

心屋仁之助

三笠書房

はじめに――「どうせ自分はすばらしい」ことに気づいてしまう本

こんにちは。性格リフォームカウンセラーの心屋仁之助です。

「性格を変える」「自分を好きになる」ためのサポートをしています。

僕のセミナーやカウンセリングではいつも、**心の「前提」を変えましょう**、ということをお話しししています。

「どうせ自分はダメだ」「どうせ自分は嫌われるんだ」

という前提から、

「どうせ自分はすばらしい」「どうせ自分は愛されている」

という前提に変えましょう、と。

ただ、ここで気をつけてほしいのが、

「自分はすばらしい＝なんでもうまくいく」ということではない、ということなのです。

たとえばゴルフのとき、「どうせこのパット入るし」と思って打ったとしても、必ずボールが入るとは限りません（涙）。

前提を変えても、すぐには実力がついてこないからです。

「どうせ絶対合格するし」と前提を変えても、学力が追いついていなければ、試験に受かるとは限りません。

「どうせめちゃくちゃ愛されてるし」と前提を変えても、嫌われるときには嫌われます。

「どうせ売れるし」「どうせお客さん、たくさん来るし」と前提を変えても、お客さんは来ないときには来ません。

この「どうせうまくいく」「どうせ愛されてるし」といった、僕の〝魔法の言葉〟が叶えるのは、「なんでも思い通りになる」ということではないのです。

「思い通りにならなくても、自分は大丈夫」という、本物の自信を育てるものなのです。

うまくいかないことがあったとしても、そんなことで、自分の価値は下がらない。

失敗したとしても、そんなことで、自分はダメにはならない。

ボールが入らなくても、ゴルフを楽しめる。

試験に合格できなくても、次の対策を練れる。

お客さんが来なくても大丈夫、知恵を絞ろう。

うまくいかないことがあっても、大丈夫。

こういう心の持ち方ができるようになることです。

これは、「大丈夫、絶対うまくいく」「大丈夫、絶対合格する」という自信ではなく、

「うまくいかない自分でも、大丈夫（すばらしい）」

という、本物の自信です。

この本では、そんな心の〝大前提〟を変えて、何があっても揺るがない、本物の自信をすこやかに育てる方法を書いていきたいと思います。

この本があなたのお役に立つことを、心から祈っています。

心屋仁之助

もくじ

1章

「心のよろい」をぬぎすてよう
――不思議なほど〝笑顔〟な自分に会える！

2章

「心の古傷」を隠すのはやめる

――「そこ、突かれると痛いなぁ」と笑って言えたらいいのに

3章

「しがみつく」のは、もうやめよう
——もっと自由に、心のままに生きてもいい

4章

心のダイエット、はじめよう

——「愛のスイッチ」をONにする方法

5章

「いい人」でいても、面白くないよ

――人とぶつかると、何かがスパークする

6章

「裁く」のをやめると、うまくいく
――その〝法律《ルール》〟が自分を息苦しくさせている

7章 「カンペキではない自分」でも愛されている
――「すねる」のを、やめるだけでいい

付録イラスト●江村信一

1章

「心のよろい」をぬぎすてよう

――不思議なほど〝笑顔〟な自分に会える！

1 心につけた〝いかつい甲冑〟をぬいでみる

僕がカウンセラーとして、一番やりたいこと、叶えたいこと。

それは、人の中の**「自信を育てたい」**ということです。

でも、僕の考えている「自信」というものは、世間で考えられているところの「自信」とは、かなり違っているのです。


これはどういうことかと言うと――世間で言うところの「自信」では、その自信の〝根拠となる理由〟を、外から探して持ってきます。

たとえば、

「私はこんなに難しい仕事を成功させた」

「あの人にほめてもらえた、評価された」

「これだけのすごい成功体験をした」

という具合にです。


そして、自分が納得できる〝成果〟を出せたときに、僕たちは「自信がついた」と言いますよね。

「そんな自分を少しは認めてあげてもいいかな」と。

もちろん、それによって自分の新たな可能性を信じられるようになることもあるから、とてもすばらしい！

でも、そこばかりに頼ってしまって、そればかりを求めるようになること、つまり、こうした**外から持ってきた自信は、心にいかつい甲冑《かっちゅう》を身につけるようなもの。**

一見すると立派になったようでも、〝予期せぬ敵〟が攻めてきたり、身につけてから長い時間が経って古くなったりすると、必ず無理がたたって、その甲冑をぬがなくては耐えられなくなります。

すると、自分が以前よりも弱くてダメなやつになったような気がする。

そして、「もっと強くて立派な甲冑を着込まなきゃ」と、さらに強力な〝自信の根拠〟を探しに遠征に出かける……。

一度このループに迷い込むと、非常にしんどくて苦しい。


僕は、そうではなくて、**自分の内側から出てくる自信**を広げていきたいと思っています。

実は、「自信」というものは、外に探しに行かなくても、ちゃんと〝自分の内側〟にあるのです。

いかつい甲冑の下の、あなた自身の体の中で、すやすやと寝息を立てて眠っています。いえ、今まで無理やり寝かしつけてきたのです。

それを見つけて、目覚めさせて、すこやかに育ててあげてほしいのです。

＊人は「自分が思った通り」のことを引き寄せる

そのために大切なのは、まず**「自分が自分をどういう人間だと思っているのか」に気づくこと**です。

たとえば、「自分はダメな人間」だと思っていたら、それにお似合いのダメな場所に住みます。

安いものしか買わないし、持たないし、ダメな人としかつき合いません。

ダメな自分には、ダメな場所・もの・人がふさわしいと無意識のうちに思っているから、当たり前のように〝ダメな環境〟に身を置くようになるのです。

そんなふうに、自分が自分をどう評価しているかで、自分のまわりの環境が決定されていくのです。

それでは、自信を育てるためには、いったい何をすればいいかというと――

答えは非常にシンプルです。

山にこもって修行をするとか、たくさんの人とコミュニケーションをとるとか、そういう難しいことは一切必要ありません。

ただ**「ものの見方を変える」**――それだけでいいのです。

＊ものごとは〝ベスト・ポジション〟から眺める

たとえば、ここに円筒状の水筒があるとします。横から見たら四角ですが、上から見たら丸ですね。

ここで、**「今まで自分がずっと四角だと思っていたものが、実は同時に丸でもあったんだ」と気づくだけで、世界は変わります。**

この〝新しい視点〟を、この本ではあなたにプレゼントしたいと思っています。

僕はこの「視点」を手に入れたことで、人生が変わりました。もっと言えば、自分の人生の中の誤解が解けたのです。

「AはBなんだ」とずっと思い込んでいましたが、実は「AはBかもしれないけれど、同時にCでもあった」と気づくということです。

今までの僕たちは、目の前で起こることすべてを、よりによって〝一番悪く見える位置〟から見ていたのかもしれません。

それを今日からは、**一番きれいでハッピーに見える〝ベスト・ポジション〟から眺めてみるようにする。**

それだけで、人生は劇的に変わります。

まず機嫌がよくなって、少々イヤなことがあっても、すぐに忘れます。「いいこと」が目に入ってくるようになります。いつもニコニコ、ごきげんでいられるようになります。

それが、「ものの見方を変える」ということです。

2

「苦しいとき」こそ〝今、いいところを通っている〟サイン

「ものの見方を変える」

これをもっと具体的に言い換えると、自分には「ない」と思っているものが、本当は「ある」「あったんだ」と「知る」こと。

これがすべてだと僕は思っています。


僕らの身のまわりで問題が起こるとき、そして、ものごとがうまく流れないとき、そこには共通点があります。

それは、

「何かがない」

と思っていることです。

典型的なのは、**「お金がない」「愛情がない」「魅力（能力）がない」**です。

僕は、この三つを**「三大ない」**と呼んでいます。

そして、「自信を育てる」とは、この「ない」を「ある」に変えていくこと。

「自分には〜がない」から**「実は、自分には〜がある」**に変える——これが「ものの見方を変える」ときの、一番のポイントです。


「ない」を「ある」に変えるときの最大のチャンス、それは「怒り」の感情や「苦手」意識が湧いてきたときです。

「あの人のことがシャクに障って仕方がない」

「あの人と話すのが苦手で、どうしたらいいかわからない」

そんな相談やグチを聞くと、僕は思わずニヤリとします。

「宝物を引き当てている最中だな」

と思います。

＊〝ひと山越える〟と見える景色が変わってくる

僕はこんな仕事をしているので、毎日いろいろな人から相談を受けます。

「今、こんなことで困っているのですが」

と言われたら、昔は「何とかして助けてあげなくちゃ」と思っていました。

でも、最近はニヤッとしてしまいます。なぜなら、

「今いいところを通っているね」

と思うから。

どうしてそう思うのかというと、僕もいろいろなことに悩んできたから。いろいろとうまくいかないことも経験して、〝山〟もいっぱい越えてきた。

今でも、うまくいかなくて、つまずくこともあります。たとえば、家に帰ったら奥さんとケンカをしてしまうこともある。

誰でもそういうことが、ずっと続いているわけです。

でも、それを一つずつ乗り越えるたびに、確実に何かがよい方向に動き続けているのがわかります。

だから、みなさんが何かにつまずいて悩んでいるときは、

「よかったね」

「今、いいところだね」

と思わず言いたくなるのです。

3 自分の心の「大前提」は、なんだろう?

休めない、手を抜けない、苦しい。

だって、手を抜いたら、見捨てられる。手を抜いたら、ここにいられない。

全力でやらなければ、役割を果たさなければ、まわりに見捨てられる。

僕たちがそんな〝恐怖のループ〟に入り込んで、苦しみ悩んでしまっているとき。

こんなときは、そもそもの**心の大前提**が「**自分は役に立たない人**」になって**いるから、「頑張ること」で、自分の価値を作ろうとしているのです。**

この役割を果たしてやる。期待に応えてやる。どうだ、と。

負けたくない。期待を超えてやる。
すごいと言わせてやる。絶対、弱音は吐かない。

そんな頑張り方で、うまくいくこともあるでしょう。でも、いつか必ず限界がきます。壁にぶちあたります。

「こんなに頑張っているのに、苦労しているのに、むくわれない」という**壁**に。

そんなときは、頑張る方向が間違っているのです。

「お金は苦労して儲けるものだ」
「働かざる者食うべからず」
「働くとは苦しいものだ」
「努力はむくわれる」
「苦労を乗り越えて人は成長する」

と信じている人は、わざわざそういう苦労する経験をしに行きます。自分を〝ラクさせない〟ような現実を次々と巻き起こします。

それは、頑張る方向を、「自分」ではなく「他人」「周囲」「会社」「家族」「社会」……つまり、自分ではない誰かに向けていたから。

＊「やりたいこと」「好きなこと」に没頭していると応援される

誰かのニーズや期待に必死に応えようとするのではなく、自分の「やりたいこと」「好きなこと」に夢中になるから、まわりの人は応援したくなるのです。結果としてニーズを作りだし、顧客を巻き込むんです。

「好きなこと」に没頭している様子は、まわりからは苦労と我慢をしているように見えることもあるかもしれません。でも本人にとっては、実はそうではないんです。

今までの自分の頑張りは、好きなことにかけてきたのか、やりたいことに夢中になってきたのか、それを振り返ってみましょう。

ただ、意地を張っていただけじゃないか。

ただ、反発していただけじゃないか。

ただ、意固地になっていただけじゃないか。

「自分には価値がない」という思いから逃げるために、我慢しているだけではないか、と。

＊「頑張る」よりも「自分と向き合う」

役に立たなくても、何もしなくても、喜ばせなくても、あなたには価値があるのです。

それを信じられないから、頑張り続けることを止められず、それなのに結果が出ない、認められない、愛されない。

実はこれまで**「頑張ること」で、自分と向き合うことから逃げてきた**からかもしれません。

そこにきちんと向かい合ったうえで、頑張らなくても、何かができても、できなくても、自分には価値がある。

自分は愛される人間だ。自分は愛することのできる人間だ。

そこを信じられたときにはじめて、自分のまわりにある、あふれるほどの豊かさと愛情に気づけるのです。

そのためには、「必死に頑張る」ことを、勇気を持ってやめてみるしかないのです。

4

〝夢中〟になって頑張ってみる

小さな頃に、洋服の一番下のボタンをかけ間違えてしまったとき。

一番下のボタンをかけ間違えたから、胸元までとめてくると、どう頑張ってもおかしくなる。

これと同じようなことが、大人になった僕たちにもよく起こっています。

「頑張っても満たされない」「いくら頑張っても、成果が出ない」という状態です。

そんなヘンテコな服だから、ずっとコートを着て隠してないとカッコ悪い。近づいたらばれるから、人に近づかない。

こんなみっともない格好では表には出られない、こんな自分ではお金なんてもらえない。でも、せめて奴隷のように奉仕して頑張ったら、ちょっとぐらいならもらえるだろう。

そう思って、今までは頑張った分「だけ」もらってきました。

一番下のボタン、直しませんか。

「私は、愛されてる」に直しましょう。

たった、それだけなんです。今までかけてきたボタン、一回全部はずして、一番下からとめ直しましょう。

それが**「大前提を変える」**こと。

それが「今までの努力」をすべて捨てること。

それが「頑張らなくていい」につながる。

それが「どうせ何もできなくても自分は愛されている」ということ。

＊「ひた隠し」にするより、笑い飛ばそう！

うまくいってないときの自分を、誇れますか。
うまくいかなかった頃の自分を、許せますか。
うまくいってないときの自分を、笑えますか。

ダメな自分、うまくいかない自分、愛されてない自分――そんな自分を、今の自分が笑えたら。

「頑張ったねぇ」
「しんどかったねぇ」
「カッコ悪かったねぇ」
「未熟だったねぇ」

「バカだったねぇ」

「情けなかったねぇ」

「みじめだったねぇ」

「恥ずかしかったねぇ」

と、笑って言えたら、人生は前に進むのです。


それを言えないで、ひた隠しにして、強がって、自分の足りないところを補おうとして、頑張る。我を張る。

もしくは、それを言えないで、自分をいつまでも卑下している。

頑張るのは、確かにすばらしいことです。

ただ、**その前提として、自分の弱さや、自分のできなさを、認めたうえで楽しんで頑張る**ことが大切なのです。

＊「必死」と「夢中」は違うんです

いいことを言ってくれた人がいます。

「必死」と「夢中」の違いだねって。

自分の弱さや自分のできなさを消し去るために、罪悪感、劣等感をエネルギーにして「必死」に頑張る。

笑顔をエネルギーにして、「夢中」になって頑張る。

「必死」と「夢中」では、終わった後の心の充実感が、まったく違います。あなたは、どちらの〝頑張り方〟がしたいですか。

うまくいってないときの自分、ダメだった頃の自分、今もダメな自分、頑張ってる自分、頑張れない自分……。

どれも自分です。イヤがっても全部自分です。隠しても全部自分です。

はよ、あきらめなはれ。
はよ、年貢納めなはれ。
はよ、白旗あげなはれ。

2章

「心の古傷」を隠すのはやめる

――「そこ、突かれると痛いなぁ」と笑って言えたらいいのに

5 「イラッとくること」が伝えているメッセージ

誰かと話をしていたり、本やブログを読んだりしているとき、なんとなく「これ、自分は好きだなぁ」とか「これは、なんかイヤ」と心が動き、反応することって、あると思います。

気にしているつもりはないのに、心がピクッと反応する——。

ここに**「人生の答え」**が隠れています。

そして、「心が動くとき、反応するとき」とは、自分の〝心の古傷〟に触れたときが多いのかもしれません。

このことを、小豆の粒にたとえてみたいと思います。

畳の上に小豆を一粒置き、その上に布団をかけると、そこに小豆があることは、もう見た目ではわかりません。

でも、この布団の上を歩いたときに、「あれ？ なんだかこのあたりはおかしいぞ」と足の裏でモゾモゾと感じます。そして、もう一度目で確認しても、やっぱり見た目には、小豆のあるなしはわからないでしょう。

僕たちの「古傷」とは、この小豆のようなものです。

僕たち自身も、心の中に「古傷」のあることが、もうわからなくなっている。でも、何かの拍子に触れると、確かに反応があるのです。

＊心が揺れ動いた「理由」を探してみる

ですから、自分の心が何かに反応した、動いたときには、その「理由」を探そうと考えてみると面白いのです。

「今、自分は心が揺れ動いたな」

「何かイヤだと感じたな」

「思わず舌打ちしてしまったな」……。

そんなときは、まるで布団の下に隠れた〝目に見えない小豆〟を探すゲームのような気持ちで、心が揺れ動いた「理由」を探してください。

すると、問題を解決することが、とても楽しくなります。

＊〝不機嫌なオッサン〟だった僕は、人生の六割が気に食わなかった

実は僕は、カウンセラーになる前の会社員時代は、すごく怒りっぽくて不機嫌な顔をしたオッサンでした。

「人生の六割くらいが気に食わない！」

という勢いで生きていました。

それが、この仕事についてからは、「九割くらいは機嫌がいい」という状態になりました。

それでもたまに、イラッとしてしまうことがあります。

たとえば、この間、携帯ショップに行きました。新しいスマートフォンを買ったのですが、使い方でわからないことがあったので、聞きに行ったのです。

「Gメールにメールが届いたときに、スマートフォンが反応するようにしてほしいのですが」

と、お店の人に伝えました。すると、

「わかりました。それでは、お客様のスマホをお預かりしてメーカーにお送りさせていただきます」

と言われ、すごくビックリしました。

「メールの受信がわかるように設定するだけのことなのに、メーカーにスマホを送るなんて、おかしくないか⁉」

と思いました。そう思ったので、そう伝えました。

すると、彼は同じ機種のスマホを使っている同僚（その日は休みだったらしい）に電話して「どうしたらいいの？」と聞きはじめました。

店員さんは、僕がお願いした設定にしようと一所懸命でしたが、まったく要領を得ず、僕は結局、狭い店内でそのまま一時間も待たされました。

＊荒れ狂う〝感情の波〟のおさめ方

みなさんにも、同じようなムカツく経験があるのではないでしょうか。

こんなとき、昔の僕だったら腹が立ったまま終わるのですが、今の僕はカウンセラーとして腹が立ったまま終わるわけにはいきません。

「なぜ、こんなに腹が立って仕方がないのか」と、自分の「怒りの原因」を分析してみました。

「僕はどうして、携帯ショップでこんなに腹が立っているのだろう」

すると、

「自分は『携帯ショップの人は、新商品の知識を全部知っているべきだ』と思っている」

のだとわかりました。

これが、このときに気づいた僕の〝小豆〟でした。

ましてや、テレビで大きく宣伝しているイチオシの新商品なのだから、店員であれば、当然「知っているべき」。それなのに、店頭にいる誰一人、そのスマホの使い方を知らなかった。

「プロなら、なんでも知っているべき」つまり「優秀であるべき」という思いがあったために、イライラの波がザッパーンときたわけです。

6
自分には〝最高級ラベル〟を貼ってあげる

僕らは、自分の**「古傷」**を守りながら生きています。

「古傷」を、もっとくわしく言うと、自分の**「他人には知られたくないところ」**です。

自分の恥ずかしい過去、なかったことにしたい出来事、箱に詰めてガムテープでフタをして忘れてしまいたい記憶……そんな他人には絶対に知られたくない〝本当の自分〟です。

これを簡単に言うと**「劣等感」**といいます。

でも、この劣等感というのは、実は自分で自分に貼った〝粗悪品というラベル〟なのです。

僕が携帯ショップでイライラしたとき、いったい何に反応したのかといえば、子どもの頃の〝古傷〟でした。

子どもの頃の僕は、割と「モノシリ」でした。いろんな豆知識を持っていたり、ウルトラ怪獣の名前をいっぱい知っていたり。

でも、同時に案外、世間知らずでもあって、みんなが知っていることを知らなくて、恥ずかしい目にも遭ったりしていた。だから、僕は「なんでも知っている人」になろうと頑張ってきました。

携帯ショップで自分の疑問が簡単に解けなかったとき（店員さんが五分くらいでパパッと設定してくれるだろうと思っていたのに「メーカーに送ります」と大げさに受け取られてしまったとき）、

「ああ、なんでこんな簡単なこともわからないんだ」

という古傷がうずいたんですね、きっと。

＊「怒りに火がつく」のは心の中に〝マッチ棒〟があるから

こんなふうに、古傷が反応してネガティブな感情が心に湧いてきたときには、次の言葉をつぶやいてください。

「自分が勝手に反応したんだな」

と。

これは、「あいつが悪いのではない」ということです。

確かに〝あいつ〟が、あなたの怒りに火を点けたのかもしれません（きっかけ）。

でも、同じことをされても、まったく火が点かない人もいます。

つまり、自分の怒りに火が点いたのは、自分が勝手に反応したからなのです。

自分が勝手に、マッチ棒を持ち歩いていました。

そして、目の前に火があったときに、たまたまそのマッチ棒に火が点いただけなのです。

「なんで、私はこんなマッチ棒を持ち歩いているんだろう」

「『燃やしてやるぞ、燃やしてやるぞ』と血気盛んなマッチ棒を、なぜ自分は持ち歩いているんだろう」

そこに、本当の問題があるのです。

7

「心が暴れ出すとき」って、どんなとき？

人がネガティブな感情を抱くときの、最大の「共通点」があります。

それは**「損した」と思ったとき**です。

たとえば、あなたが資産四十兆円を持っていたとして、誰かに千円を奪われたときに怒るでしょうか。少しは怒るかもしれませんが、余裕です。

毎日やることがなくて、時間を持て余していて、「ヒマでヒマで死ぬかもしれない」というときに、誰かに十分待たされたら怒りますか。怒らないと思います。

つまり、**僕らが怒りたくなったり悲しくなったりするときには、**

「自分には、それがない」

と思っているのです。

あなたがいろいろな人からほめられて、

「すごいね、すばらしいね。君は最高の人間だ」

「とっても賢いよね」

と毎日ほめられていたら、誰か一人から、

「この人、バカじゃないの」

と言われても、へっちゃらでしょう。さして怒ったり傷ついたりはしないと思います。


実は、ネガティブな感情は、そんなふうに起きる仕組みになっています。


「私にはお金がない」

「私には時間がない」

「私には愛情がない」

「私には能力がない」

「私には魅力がない」


こんなふうに、自分が何かを「十分に持っていない」「少ない」「足りない」と思っているから、「奪われた」もしくは「もらえなかった」と言って心が暴れ出します。

「損した、損した、損した」とさわぎたてるのです。


人は損をしたときに怒りますが、得をしたときには喜びます。

「お金をもらった」と言って喜びます。「優しくしてもらった」「ほめてもらった」「増やしてもらった」というときに、人は喜びます。

つまり、足りなかったものが増えたことで、自分の中に安心ができます。

＊「優しくされないと怒ってしまう」心理

「自分には魅力がない」と思っている人は、他の人から、

「そんなことない。あなたはステキな人だ」

と言われても、信用しません。

「そんなことないよ。私はないもん、ないもん」

と、言い返します。


自分の心の中に「愛情が少ない」と思っている人は、人に優しくできません。

「自分は愛が足りない」と思っているから、人に愛をあげてしまうと、自分の中にある分が減るからです。


でも、「愛はあげたほうがいい」という考えはあるので、無理して、頑張って愛をあげる。すると、「自分の中の愛が減ってしまった！」と思うから、

「返して、返して。私にも優しくして、大事にして！」

とさわぎたてます。そして、期待した通りの愛情が返ってこないと、

「どうして返してくれないの⁉」

と怒りはじめる。

そこでよく考えてほしいのは、**自分の中の愛は減るのだろうか**ということです。

8

「グサッときた言葉」から立ち直れないときは

僕たちは、

「あの人の言葉がグサッときた」

「あんな態度をとられるなんて心外だ」

「こんな仕打ちを受けるなんて耐えられない」

と、よく傷つきます。

こんなふうに「心が傷ついた」とき、実はあなたの中の〝あるもの〟が減っています。

何かわかりますか？

それは**「自尊心」**です。

ひどいことを言われた、バカにされた……そんなときは、楽しい気持ちも、うれしい気分も一瞬で吹き飛ばされます。ガクンと気落ちして、心がザワザワとして、ポジティブな気持ちが減ります。

ポジティブな気持ちが減るということは、最終的に何が減るかというと、自分の「自尊心」が減るということなのです。「自分を大事に思う気持ち」が目減りしてしまうのです。

でも、それはとてもつらいことなので、「プライド」という壁で必死になって自尊心を守るわけです。自分が傷つかないようにするために。

でも、ここで冷静に考えてください。

「自尊心は減るのか」
「自分の中の優しさは減るのか」
「楽しさは減るのか」

ということを。

あなたは「減る」と思っているから、「減った」と傷ついているのです。

自分の心が「損した」といって反応しているのです。


こんなふうに思ってしまうとき、僕たちはそもそも「自分には自尊心が少ない」と思っています。

「減る」以前に、「残量わずか」なのです。

だって、親からもらえなかったから。もらってないと思ってるから。

＊「損してもいい」を〝心のお守り〟に

僕たちがなんだかいつも抱えている、ぼんやりとした不安、寂しさ、人とつき合うことの怖さ、湧き起こってくる怒りや悲しみ。

それらの感情は、「自分の中には、ない」という思いからスタートしています。

これを解決していくには、

「自分の中には、いっぱいある」

「実は、いっぱいもらっている」

と気づいていくこと。

私には自尊心がある。その自尊心は減りもしないし、傷つきもしない。

「自分の胸の中には、ピンク色で、プルンプルンで、元気な自尊心がある！」

とイメージしてみてください。

どうでしょう？

プルンプルンの自尊心、イメージができましたか？

ちょっと難しい？

そこで、常に心がけてほしいのが、**「損してもいい」**という言葉です。

これをいつも、自分の〝**心のお守り**〟として持っていてほしいのです。

「減ってもいいし、もらえなくてもいい。もらおうとしなくてもいい」

これが、「自信」を育てていく一番手っ取り早い「呪文」です。

「損してもいい」「もらえなくてもいい」「減ってもいい」「奪われてもいい」

と心の中で唱えながら、行動してみてください。

＊「ここ」に突っ込んでいくと人生が変わるよ

今まで、

「損をするからやめておこう」

「減るからやめておこう」

と思っていたこと、

「傷つくからやめておこう」

と思っていたことを、ぜひやってみてください。

たとえば、意中の人を食事に誘う、思い切ってボランティアをしてみる、独立する、職場で何か新しい提案をする、自宅に大勢の人を呼んでパーティーをする、みんなの前で歌を披露する……なんでもＯＫです。

これまでの人生の中で、「損をしそうだから、やめておこう」と思って避けてきたこと、目をそらしてきたことは、山ほどあるはずです。

「損しそう」
「傷つきそう」
「恥ずかしそう」
「失敗しそう」
「笑われそう」

これらは全部、「自尊心」が危機にさらされるかもしれない、「プライド」を傷つけられる可能性が高い――だから、やめてきたのです。

こういうことに「損してもいい！」と叫びながら、どんどん突っ込んでいくということです。

損をしてもいいし、失敗してもいい、笑われてもいい、怒られてもいい。

うまくいかなくてボロボロになってもいい、傷ついてもいい。

そう思って、今まで怖がって避けていたものに突っ込んでいくと、新しい扉がパカッと開きます。

この体験を、ぜひしてみてほしい。


何度も言います。あなたは損しません。

なぜなら、**たとえ損をしても、いくらでも〝ある〟**からです。そういうことです。

あなたの自尊心、あなたの時間、あなたのお金、あなたの財産は減りません。

この部屋の空気をいっぱい吸って息を止めて出ていっても、この部屋の空気は減りません。

それと同じです。お金も愛情も時間も減りません。

誰かが独り占めすることもできません。

だから安心してください。

そうそう、〝損〟がくせになって、いつも与えてばかりの自己犠牲型の人にとっては、〝与えないこと〟〝損しないこと〟が一番の〝損〟だから、やってみてね。

3章

「しがみつく」のは、もうやめよう

——もっと自由に、心のままに生きてもいい

9

「理想と現実のギャップ」はなぜ起こる?

ひまわりの種をまくと、ひまわりが咲きます。

今、あなたの目の前で、ひまわりの花が咲きました。

あなたがひまわりの種をまいていたからです。

でも、あなたはずっと、チューリップの花が咲いてほしいと思っていました。


この、「理想と現実のギャップ」のことを、僕たちは「悩み」と言います。

自分はチューリップがほしかったのに、なぜか咲いたのはひまわりだった。

もしくは、チューリップが咲くはずだったのに、気がついたらひまわりが咲いていた。これは問題だ!

そう考えたとき、僕たちはなんとかして、咲いたひまわりを無理やりチューリップにしてみせようとします。

でも、もちろん、ひまわりはひまわりだから、チューリップにはなりません。

それなのに、「チューリップにならないのは、なぜ⁉　絶対、おかしいでしょ‼」と言って苦労をする。

このしんどさを、僕たちはおかしなことに「悩み」と呼んでいるのです。

＊「そうなんだ」と、ただ受け止めてみる

では、どうしてそのような事態が起こったのか。

ひまわりが咲いたということは、昔、ひまわりの種を意図せずとも自分が確かにまいていたのだということ。

「ひまわりの種をまいた」という原因があったから、「ひまわりが咲く」という結果が生じたわけです。

そして、このひまわりを前にして、どうすればいいのかというと、

「ああ、ひまわりが咲いたね」

と認めてやる。それしかないのです。


「じゃあ、ひまわり、お前、今からチューリップになれ」と無茶を言うのではなく、ひまわりが咲いた、という**事実をただ受け止める**。

でも、私はチューリップがほしかった。しかし、今ひまわりが咲いた。

そんなときは、これはこれとして置いておいて、

「さあ、チューリップの種をまきにいこう」

と新しい行動に移す。


そうしたら、しばらく経てば、ちゃんとチューリップの花が咲きます。

だから、自分の目の前で起こった出来事に対して、それがいいとか悪いとか、変に解釈を加えようとしないこと。

さらには「ああしよう、こうしよう」と無理にこねくりまわして、「自分の思い通りに変えてやろう」としないこと。


ひまわりの種をまいたから、ひまわりが咲いた。

それを「そうなんだ」と、ただ受け止める。

それだけでいいのです。

つまり、悩みを前にして、「何もしないでおこう」ということも、大切な心の持ち方なのです。

そして、「自分はどうしてチューリップじゃなくて、ひまわりの種をまいていたんだろう」というところに答えがあるのです。

＊詰め込みすぎると、結局、何も残らない

僕は以前、「心理療法の技術」を学ぶためのセミナーをやっていました。

僕はけっこう〝教えたがり〟なタイプなので、僕が持っている知識をできるだけたくさんプレゼントしたいと考えていました。

だから、カリキュラムを作るときにも、自分が伝えられる話や技術を、残さず詰め込みたかったのです。

だから、セミナーの時間をぴっちり使い切って、ギュッと中身を凝縮したセミナーをやっていました。

でもあるとき、フッと気がつきました。

それは、あまりいいことではないのかも、と。

知識や技術を「これでもか！」という勢いで教える、伝える、与える……ある意味、日本の学校教育の典型的な形です。

でも、与えれば与えるほど、与えようとすればするほど、受け取る側の人は自分の頭で考えなくなる。中身が濃すぎると、消化しきれなくなる。

そのことに、僕自身、ある人の「中身の濃いセミナー」に参加して気がつきました。

それ以来「伝えたいこと」が一から十まであったとしたら、一から三くらいまでしか伝えない。つまり、あとの七の部分は勝手につかんでくださいという形に変えたわけです。

すると、何が起こりはじめたのか。

三しか伝えなかったのに、参加者一人ひとりが、自分の頭で考えて、勝手に動き出したのです。そう、「十」どころか「十二」の結果を出すようになったのです。

こちらが「与えよう」「何かをしよう」とすればするほど、向こうは逃げていく。だから、**何もしないほうがよかった**ようです。

かつての僕の中では、

「最初から最後まで全部伝えなかったら、いいセミナーにならないのではないか」

「『こんな内容の薄いセミナーなんて、来るんじゃなかった』と言われたりしないか」

という恐れがありました。

けれど、〝損する〟勇気を持って、

「そう言われてもいい。金返せと言われてもいい」

と思うようになってからのほうが、参加者が生き生きとしはじめました。

「何もしない」と、勝手に何かがはじまるのです。

10
「手を抜く」ことも覚えてみる

先日、テレビを見ていたら、子役からキャリアをはじめて、もう四十年以上も活躍されているという大ベテランの俳優・坂上忍さんがインタビューを受けていました。

その番組で、

「四十年間、芸能界で生き残るために意識していることはなんですか」

と聞かれた彼は、

「適当に手を抜くことだね」

と答えていました。

「だって、必死だと圧迫感がすごいでしょ」

とも。そしてさらに、

「芝居なんかだと、稽古は一所懸命やる。で、**本番はいい感じに手を抜く**」

とひと言おっしゃる。

「じゃ、バラエティーに出たときはどうなんですか」

「さらに手を抜く」

そんな受け答えを聞いていたら、なんだか笑ってしまいました。

＊〝しがみついている〟から自由になれない

「手を抜く」って、今の日本じゃ悪いことみたいに考えられています。

ですが、言い換えると――。

「心と体をゆるめて、リラックスする」

「よく見せよう、こうするべき、という考えから自由になる」

ということです。

「しがらみ」「監視」「脅迫」から自由になると、緊張が解けて本来のパフォーマンスができます。

坂上さんは他にも、

「仕事は、頑張ってやらない」

「○月以降は、もう仕事しない」

「休むと決めたら、絶対に休む」

などと話されていて、本当に自由な意識で仕事に向かっているんだなぁと感心しました。


そこには「恐れ」がまったくありません。

「必死の人」「必死にしがみついている人」「必死に頑張っている人」とは、「前提」がまったく違うのです。

＊「自我」を抑えると「他力」が働きだすフシギ！

「批評・批判されること」＝嫌われること、痛い目に遭うこと、仕事を失うこと、笑われること、自分の能力の低さが露呈すること。
そんな〝悪い妄想〟で心がいっぱいになるほど、手を抜けなくなります。

必死に役に立とう、必死に期待に応えようと、頑張ることしか知らなかった。
そんなに頑張らなくても、自分は十分、すばらしいのに……。

僕も、今までずっとそうだったからわかります。
でも今は、テレビの収録に臨むときも、テンションは上がりますが、緊張はしません。
それは「手を抜いて」いるから。

「手と心を、込めすぎる」と、「自我」「我欲」でいっぱいになって、「他力」が流れ込んでくるのを阻害してしまいます。

「なんか楽しいことが言えたらいいなー、この人がラクになれたらいいなー、でもスベってもいいし、活躍できなくてもいいし、あとはスタッフの方々がなんとかしてくれるし……」

と思っています。

それが自分が一番輝く方法であり、僕のまわりの人が輝く方法でもあると信じているから。

すると、面白いぐらい楽しい、感動と大爆笑の番組ができあがるのです。

11

あなたはどんな「オバケ」におびえている?

僕は、前世とかスピリチュアルな話題がけっこう好きですが、実はオバケが苦手です。というか、「怖い」のです。

心理療法をはじめてからは、オバケに対しての恐怖度が十だったのが、一～二くらいまでに下がりました。それでもやはり、オバケは怖い。

「お前はオバケを見たことがあるのか」と言われたら、見たことはありません。見たことがないのに怖い、それはおかしい。どうしてかというと、「怖いぞ」というイメージを刷り込まれたからです。

学生時代の夏休みシーズンには、テレビで必ず、いわゆる心霊番組をやっていました。怪談、心霊写真、ホラーが満載の番組です。

僕はオバケを見たこともないのに、そのイメージに洗脳されて、「オバケというのは、きっと怖いものなんだ。オバケは呪いや祟《たた》りなど、そういう恐ろしいことをするものなんだ！」

ということを頭に植えつけられたのです。

だから、大人になった今でも、夜中に一人で墓地を歩くのが怖い……。

＊〝マイナスの想像〟の暴走を止めるには

「これをしたら、怒られるのではないか」

「嫌われるのではないか」

「変なやつだと思われるのではないか」

「面白くないやつだと思われるのではないか」

実は、僕の頭の中にあるオバケのイメージと、こうした「恐れ」は、同じようなもの。これまでの人生で誰かから「怖いよ～。恐ろしいよ～」と植えつけられてしまったものです。

＊それは〝エア幽霊〟かもしれない

頭の中に入っている「怖い」ものは、実はあなたの頭の中だけにしか実在しない、幽霊みたいなものです。

「自分は何か成果を出さないと、役に立たないやつだと思われているはずだ」

「絶対、冷たいやつだと思われているはずだ」

という幽霊。

どうか安心してください。

それはオバケです。現実にはまったく、存在していないものなのです。

「これは自分だけの想像なんだ、幻だ、オバケみたいなものなんだ」そう理解するためには、実際に行動を起こして確かめてみるしかありません。

たとえば、

「ここでしゃべらないと、面白くないやつだと思われるのではないか」

そんな怖い想像を終わらせるためには、「しゃべらない」ことを実践するしかありません。

「違うんだ、自分の頭の中の怖い想像とは、まったく違う現実があるんだ」ということに気づくには、怖くてもそれを実際にやってみる。

そうすることで、「いかに自分が架空のものを怖がっているか」に気づいてほしいのです。

僕は、そんなことに気づいてから、昔ほどオバケは怖くなりました（でも、ちょっと怖い……）。

12

その「よかれと思って」が相手の力を奪っている

僕たちはつい、他人や目の前の出来事に対して、自分の期待通りになるよう、あれやこれやと働きかけようとします。

あるいは、相手を大切に思えば思うほど、「よかれ」という親切な気持ちから、

「何か自分にできることはないか?」

「してあげられることはないか?」

と必死で探そうとしたりします。

たとえば、子育て。

お母さんという生き物はいつも、子どもに「勉強しなさい」「あれをしなさい、これをしなさい」と言って、うるさく世話を焼きたくなります。

ましてや子どもが学校で何かトラブルを起こすようなことがあると、「どうしたらいいの⁉」と、深刻に頭を悩ませるでしょう。

あるいは、会社での部下の教育。

上司として「こいつを早く一人前にしてやりたい」と思うほど、細かくアドバイスをしたり、頻繁に呼びつけては仕事の様子を聞き出したりと、何かと「指導」をしたくなるものでしょう。

＊「結果」が出るのを、ひたすら〝見守る〟

けれど、これからは、子どもの学校の成績が悪くても、学校に行かなくても、問題を起こしても、**何もしない**。

部下が仕事にてこずっていても、失敗しそうでも、心配で仕方がなくても、**何もしない。**

「そんなことしてたら失敗するよ」「こうしないとダメだよ」とも言わない。**何もしない代わりに「見守る」**のです。

ただ、相手を信じて、側にいて見守る。結果が出るのを見守る。

そして、出た結果に対して、どうのこうの言わない。

相手が自分自身の力で出した「結果」を静かに受け止めて、それによってものごとが進んでいくのを、ただ、ひたすら見守るのです。

＊「手を出したくなる」のを、グッとこらえてみる

なかなか見守れずに手を出したくなるのは、

「自分もそういう失敗をしてきた。自分もこういうイヤな思いをしてきた。だ

から、きっと目の前のあの子も、そういうイヤな思いをするはずなんだ」と勝手に決めているからです。そして、

「あの人も、何かにつまずいてイヤな思いをしたら、自分と同じように苦しかったり、つらかったり、長年悩んだりするのではないか」

と勝手に推測して決めつけてしまっています。

もしかしたら、あなたが心配していた通り、相手は目の前で転ぶかもしれない。膝をすりむいて、痛い思いをするかもしれない。派手に失敗をして、落ち込んでしまうこともあるかもしれない。

それでも、**その人が自分で考えて、行動した結果が出たのだと**、受け止めて見守る。

そして、**どのような結果が出ても、「その人は大丈夫なんだ」と信じる。**

それが、とても大事なことなのです。

「何もしない」とは「見守る」こと。

「見守る」とは、「あの子は、あの人は、何があっても大丈夫だ」と信じること。

十のうちの三までしか教えなくても、人は残りの七、もしくはそれよりもっと大きいものを、自分で学び取ると信じるのです。


そして、もう一つ。

「あの子」「あの人」が失敗することで「自分」に迷惑がかかることを、人はひそかに恐れていたりもするのです。

だから、そうならないようについ、前もって口を出してしまう。

そこで「私は、あの人から迷惑をかけられても何があっても大丈夫だ」と信じることも、「何もしない」「見守る」ということなのです。


「何もしない」

「見守る」

「信じる」

「求めない」

「あの人」も「自分」も見守る。


これを「新しい行動の基準」として、みなさんの中にも取り入れてもらえるとうれしいと思います。

13

「情けない自分」から逃げない

何をやっても、うまくいかない。
何をやっても苦しい。何をやっても問題が解決しない。
誰しもそんなときが、長い人生の中にはあるのかもしれません。
そんなときは、いったいどうすればいいのでしょうか。

カウンセリングを受けても、心屋の本を読んでも、いろいろ試してみても、ずっと苦しい。ラクにならない、うまくいかない、助けてほしい。
僕のところには、そんなメールがしょっちゅう飛び込んできます。

何もかもうまくいかない、何を試してみても苦しい。
そんなときには、どうすればいいか。

＊逃げているから、追いかけてくる

もっと効果的な方法を探す、もっと別のカウンセラーのところに行く……そんなことを繰り返している場合じゃないのです。
そんなことよりも何よりも、
その苦しみを、そのうまくいかない自分を、
そのうまくいかない情けない自分を、
もっともっともっと感じてください。

みじめな自分。情けない自分。悲しい出来事。
受け入れてもらえない自分。愛されない自分。

言えない自分。逃げてしまう自分。

ひどいことをされる自分。むくわれない自分。

そんな自分のことを、「反省しろ」ということではないのです。

ただ、ただ、

「ああ、自分はこうなんだな……」

と、思いきり感じてみてください。

一刻も早くラクになりたい、すぐにでも苦しみを取り除きたい、なんて甘いです。

そんなふうにして、自分のことから目をそむけて、本当の気持ちをごまかして、見ないようにして逃げ続けてきたから、今、苦しくなっている。


だからもう、逃げない。

もう、認める。

もう、感じる。
今は、そのための時間なのです。

＊「単位」を取れたら、次に進めるよ

〝ダメな自分〟を、きちんと感じて受け止める。
その「単位」を取らないから次に進めない。卒業できない。

何もせず、ひたすら「ちゃんと感じる」。
じゃあ、いつまで感じていればいいのかというと、「終わるまで」です。
「笑えるまで」です。必ず終わりはくるのです。嵐と同じです。

もう「救い」を求めている場合ではないのです。
そこまでちゃんと感じきれたら、自分はちゃんと笑える人間なんだと、その

ときはじめて、自分のことを信じられるようになるのです。

苦しくても、苦しくても、苦しくても、ちゃんと感じてみよう。

そして、逆に今まで自分一人で頑張りすぎてきた人は、もういいかげん、誰かを信じて、助けを求めてみよう。「助けて」って口に出してみよう。「助けてもらえる自分」を信じてみよう。

14 「感情の渡り鳥」にならないために

渡り鳥って、寒い冬を暖かいところで過ごし、暑い夏を涼しいところで過ごすために、その季節ごとに場所を選んで、大空を渡っていきます。

快適に生き延びるための知恵ですよね。

ところが、これを〝感情面〟でやってしまって、苦しくなっている人がたくさんいるのです。


人生には、晴れの日もあれば、曇りの日もある。

雨の日もある。風の日もある。

暑い日もあれば、暖かい日もあり、凍てつくような寒い日もある。

でも、「私、雨が嫌い」とずっと雨を嫌って、晴れの日ばかりを求めていると、植物も育たないし、いろんなものが乾いてしまう。

順番にやってくる、晴れ・曇り・雨・風・暑さ・寒さ。

順番にやってくる、喜び・楽しさ・気持ちよさ・豊かさ。そして、怒り・悲しみ・悔しさ・痛み・苦しみ――。

これらを一つひとつ、受け止めていく。

「悲しみ・苦しみ・痛みはヤダ！　避けて通りたい！」と言っていると、喜び・気持ちよさ・優しさも、逃げていきます。

だから、一つひとつ受け止めていく。

一つひとつ、やり過ごしていく。

＊「なんとかしようとしない」という妙法

江戸時代の、良寛という僧の句（手紙の一節）に、こんなものがあります。

　災難にあう時節には　災難にあうがよく候
　死ぬ時節には　死ぬがよく候
　これはこれ　災難をのがるる妙法にて候

逃れられない大災害や、病気や不幸に遭遇したときの心構えについての言葉です。

こと「感情」や「問題」に関しては、この良寛さんの言葉のように、**「なんとかしようとしないこと」**も大切だったりします。

ただ、やってくる災難。

ただ、やってくる悲しみ、苦しみ。

それを「なんとかしよう」「解決しよう」と、もがくのではなく、

「ああ、悲しいなぁ」

「ああ、苦しいなぁ」

「ああ、大変だなぁ」

と、「ただ、感じる」。

「ほう、そうか」とただ、受け入れる。

「仕方がないねぇ」とただ、受け入れる。


悲しみ、痛み、不快を逃れて渡る、感情の渡り鳥にならないよう。

一つひとつ、じっくりと感じていってみませんか。

4章

心のダイエット、はじめよう

——「愛のスイッチ」をONにする方法

15

必死に求めなくても「最初からある」

この章では、僕の提唱する「断愛」のすすめについて、書いていきたいと思います。そう、「断食」ならぬ「断愛」です。

「断食」は、食を断つことで、外に求めなくても、自分の中に「エネルギーがある」ことを知る。

これに対して「断愛」は、愛を断つことで、自分の中に「愛がある」ことを知る、という方法です。

ご飯を十分に食べているはずなのに、まだ口が食べ物をほしがるのは、満腹中枢が壊れているから。

いくら愛されても満足できなくて、周囲から認められることを求めてしまうのは、〝愛情の満腹中枢〟が壊れているから。

そんな、壊れてしまった〝愛情の満腹中枢〟を正常な状態に戻していくこと。

それが**心のダイエット、「断愛」**です。


「自分は食べ足りない、満腹になっていない」と思うと、僕たちは食べ物を求めます。

それと同じように、僕たちは「自分は愛されていない、認められていない」と思って、「愛」と「承認」をずっと求め続けるわけです。


そこで「愛情を求めることを断つ」、つまり、「断愛」をすることによって、

「自分の中に愛情はたっぷりあるのだ、そして、すでに十分に認められているのだ」

と気づくことが大切なのです。

この章では、その「スイッチの入れ方」を話していこうと思います。

＊「愛情の証拠」集めをやめる

「断つ」とは、別の言い方をすれば「求めない」ということです。
「あれして、これして、愛情ちょうだい、ほめて」
そんなふうに**愛情の証拠集めをしない**ということが、断愛です。

たとえば、「マメに連絡をくれる」というのが、あなたの求める愛の形だとします。すると、彼から連絡がこないと、「私は愛されていないのかな」と不安になります。

けれど「『頻繁に連絡をするのは迷惑かな』と配慮して、頻繁に連絡しないこと」が、彼が表現している「愛の形」かもしれません。

つまり、**「私のほしい〝愛の形〟をください」と求めないこと。**

それが断愛なのです。

「私を愛しているなら、こういうことをしてくれるはず」

「家族なら、こういうことをするはず」

その**「〜してくれるはず」を求めない**ということです。

＊「〜してくれなかった」を卒業しよう

世の中には、色んなタイプの人がいて、それぞれの人が「自分のほしいもの」を持っています。

甘やかしてほしい人もいれば、厳しくしてほしい人もいる。

ほめて伸びるタイプもいれば、叩かれて伸びるタイプもいる。

何も干渉されずに、ただ見守ってほしい人もいます。

でも困ったことに、人は「相手のほしいもの」を知っているようで知らない。

だから厳しくしてほしい人は、人に厳しくするし、優しくしてほしい人は、人に優しくします。

逆に厳しくされてイヤだった人は、優しく「しよう」とするし、優しくされてイヤだった人は、厳しく「しよう」とします。

「私は、〝こんな愛情〟がほしいと思っていました」

でも、たいてい、相手はそんなことは知らないのです。

だから、

「してくれなかった」

「あの人が悪い」

「世の中が悪い」

そこを卒業するのです。

16

「忘れていること」を思い出すだけでいい

「断愛」の効果をわかりやすくお伝えするために、「たとえ話」を一つしてみたいと思います。

「お腹が空いたな」と思って、レストランに行ってメニューを見ます。

「何を食べようか」と考えていると、「シーザーサラダ」が目に止まりました。

そのとき、僕らの脳内で何が起きているのかというと、それを見ながら、「昔食べたシーザーサラダの味」を思い出しているのです。

ここに「カマキリのサラダ」と書いてあったら、味を思い出せません。想像がつかないから、注文するのは怖いわけです。

そして、シーザーサラダを注文し、それが運ばれてきて、思っていた通りの味であれば、「うん、シーザーサラダだ」と思うわけです。

食べてみて、思ったより酸っぱかったら、

「これをシーザーサラダというのは、おかしくない？」

と言うわけです。「なんかおかしくない？　まずいよね」と。

あるいは、運ばれてきたシーザーサラダが、自分の味覚の記憶をはるかに超えたおいしさだったら、

「すごい！　おいしい‼」

と言うわけです。

＊「愛されていた」から「もう一回おかわり」と言いたくなる

つまり、僕らは何かを見たり聞いたりしたときに、その瞬間に脳みその中に入っている過去の記憶を探りにいっているわけですね。

ということは、

「認めてほしい、愛してほしい、ほめてほしい」

という愛情や承認を求めにいっているときというのは、〝過去に愛されたときの感覚〟をもう一回、味わいたいと思っているわけです。

「前のあの〝いい感じの感情〟が、もう一回ほしい」

と、探しにいくわけです。求めにいくわけです。


ということは、過去にその「いい思い」を必ず体験している。

今「愛されていない」と言っている人も、愛されていたことを知っているから、「愛される」を求めて追っかけていくわけです。

「愛される」を追っかけているのは、愛されていた人だけです。


これをぜひ知っておいてください。

愛されていたから「もう一回おかわり」と言っているのです。

つまり、自分の中には、たくさんの承認と愛情があったのだということです。

忘れているだけで、あるのです。

キーワードは「忘れている」。覚えていないだけです。


「あなた、さっき食べていたじゃないの」

「食べていない」

「あなた、いっぱいほめられていたじゃないの」

「ほめられていないもん」

「あなた、たっぷり愛されていたじゃないの」

「愛されてないもん」

こんなことを、僕たちは繰り返しているのです。

17

あなたは「パブロフの犬」状態？

「パブロフの犬」の話を知っていますか。

犬がいて、ベルを鳴らして、エサをあげると食べます。

これを何度も繰り返していると、犬はベルが鳴っただけで「エサがもらえる」と思って喜ぶようになる、という実験をしたものです。

これの発展バージョンがあります。

犬がいて、たまたまベルに当たってベルが鳴ったら、どこからかエサが出てきました。

そうすると犬も、「わけがわからないな～」と思いながらも、エサが出てきたので食べます。

また、犬がウロウロしていて、ベルに当たったら、またどこからかエサが出てきました。

「おお、エサが出た」

と食べます。これが繰り返されると、この犬は「ベルに当たればエサがもらえる」と学習するわけです。


ところが、それが何度か続いた後、ベルに当たったのに、エサが出なかった。

すると、犬は戸惑います。

「出るはずのエサ」が出てこなかったからです。

もう一回ベルに当たったら、またエサが出ました。喜んで食べます。

だけど、次にベルに当たったときは、やっぱりエサが出てこなかった。

犬はわけがわからなくなって、非常に戸惑うわけです。

＊「ちゃうちゃう」――それは気のせいです

これと同じことが、私たちの中でも起こっています。

いいことをしたら、お母さんにほめられて、僕たちは喜びました。

でもある日、お母さんはお父さんとケンカをして機嫌が悪かったので、いいことをしたのに、ほめてもらえませんでした。

僕たちはこのとき、必死で考えたわけです。「いいこと」が足りなかったのではないか、もっと「いいこと」をやらなくちゃ、と。

つまり、ほめてくれる側の人も、人間だからほめたくない気分のときがあります。愛情をあげる余裕がないときがあります。

でも、僕たちにとって、期待していた愛情をもらえなかったときの記憶があまりにも強烈だったら、

「ベルに当たったのに何ももらえなかった、愛されなかった」という記憶（印象）だけが残る可能性があります。

それまで、本当は「いっぱい愛情をもらっていた」のにもかかわらず、です。


本当はいっぱい、もらっているかもしれません。

そのように、少し疑ってみてほしいのです。

「私は愛されていないわ」

「ちゃうちゃう（違う違う）」です。

「また私、のけ者にされたわ」

「ちゃうちゃう」です。


全部、気のせいです。一〇〇％気のせいです。

僕たちの記憶は七〇〇％くらい、気のせい――それくらいに思っていて、ちょうどいいんです。

あなたの記憶は、悪いほうに〝盛られ〟〝ねつ造〟されているのです。

「イヤなことを言われた」

それはウソです。〝気がする〟だけ。

「あの人に嫌われている」

それもウソです。〝気がする〟だけ。

あなたは、ウソを信じている。

だから、あなたは愛を断って、いくらでも断愛しても大丈夫なのです。

18

〝薄味の幸せ〟がわかる人は「人生通《つう》」

ものごとがうまくいっている人には、共通点があります。

それは、

「愛情も、お金も、時間も、自分にはいっぱいある。減っても、使っても、またいくらでも入ってくるから大丈夫」

という**〝大安心な境地〟**です。

自分にはなんでも「ある」と思っているから、失敗してもいい。

笑われても、自分には愛情がいっぱい「ある」から大丈夫。

いっぱい認められているから、笑われようが、失敗しようが、うまくいかないことがあろうが、別に何も傷つかない。

あなたも、今日から、この「新しい考え方」を自分の中にインストールしてみてください。

ズバリ、**「ある」思考**です。

＊〝心の常識〟を一八〇度、回転させる

「ない」思考が三十～四十年続いている人は、それを「ある」思考に変えようと思ったら、ちょっと努力がいります。

一日十回「ない、ない、ない」と思っていたら、三百六十五日、三十年間で十一万回「ない」と言っています。それは心と体に染みつきます。

そして、それを「ある」に変えていこうと思ったら、「ある」を十一万回言うのです。

それぐらい「ある」と言い続けていたら、本当に「あなたにはあるよ、満たされているよ、大丈夫だよ」という証拠が次々と入ってきます。

その証拠がたくさん集まってくれば、心の常識が**「あるに決まっている」**に変わっていきます。


ただ、そうは言っても「ある」とは思えない。

そんな人は、

「ある、かも」

もしくは、

「ある、らしい、へー」

と、「へー」をつける。


「そうか、愛情、あるらしい、へー」

「嫌われてないらしい、へー」

「こんなことをしても、不健康にならないらしい、へー」

そういう感じです。

この方法を使って、自分の常識を裏返してみてください。

＊不思議なほど〝穏やかな自分〟を手に入れる

非常に残念なお知らせですが（笑）、あなたにはすべてが「ある」のです。

これに気づきはじめると、人生の中で刺激を求めずにすむようになります。

その刺激というのは、「愛している」と言われることであったり、人生における感動、成功、達成という部分です。

評価されること、承認されること、喜ばれること、刺激的な快楽……。

こういった刺激の強いものは、一度手にすると、次はそれを超える刺激のものを手に入れないと満足できなくなります。

辛いものと一緒で、〝一辛〟を食べたら、次は〝二辛〟が食べたくなります。

うまくいったり、愛情をもらったり、気持ちのいい思いをしたら、さらにそれを上回る刺激がほしい——ほめられたい、愛されたい、成功したい。

そうなったら、それをずっと追いかけ続けて、手放せなくなります。

それが、「ある」自分に気づくと、すごく心が穏やかになってくるということです。

＊〝エサをほしがる時間〟はもういらない

刺激を求めないですむようになると、人生の中で〝薄味の幸せ〟がわかるようになります。最終的に、

「自分は〝いるだけ〟でいいんだ」

というベースができあがってきます。

だから「断愛」を別の言い方にすれば、**役に立とうとしない**ということです。

それから、

喜ばれようとしない。

愛されようとしない。

認めてもらおうとしない。

それらを得ようとするための活動の時間が、これからは不要になっていきます。

認めてもらうために頑張る。アピールする。

それから愛情を確認しようとする。

見栄を張る。

好かれようとする。機嫌をとる。

ブログにコメントを求める。

そういう〝エサをほしがる〟時間がいらなくなるのです。

5章

「いい人」でいても、面白くないよ

――人とぶつかると、何かがスパークする

19

〝ちまちま・こせこせ〟と作戦を練らない

人生には「不思議な真実」があります。
「損したくない」と思って行動するほど、どこかで損をします。
「得したい」と思って行動すればするほど、どこかで損をします。

とはいえ、僕自身も基本的には「損したくない」と考えてしまう人間です。
これまでの人生のほとんどを、「いかにして得するか」という作戦ばかりをちまちま・こせこせと考えながら暮らしてきました。

しかしカウンセラーになってから、その考え方を変えて、

「〝あえて〟損する」

という方向に一所懸命、ものごとを考えるようになりました。

「どうしたら得できるか」ではなく、「どうしたら損できるか」を考えながら、生きていくことにしたのです。

＊"富士山の見えるホテル"――お得なのはどっち!?

たとえば、旅行や出張のときにはホテルを予約します。

これまでの僕は、「どこに泊まれば一番得か」と毎回いろいろ考えていました。

部屋の広さと値段。それから立地。口コミや評判。夜ご飯・朝ご飯をつけたほうがいいのかどうか。温泉はあるか。

こんなふうに「一番いいホテルに泊まりたい。損したくない」と考えて「ホテル選びの条件」を増やしすぎると、非常にしんどいことになります。

何年か前、富士山周辺に泊まりにいこうとしたときのことです。富士山の〝ベスト・ビュー〟を眺めるために、「どのホテルに泊まると一番得か」と考えて、本当に悩みました。

富士山は、場所によって見え方が違ってくるのです。

しかも、富士山のそばには、河口湖があるわけです。湖が見える部屋をとるか、富士山の見える部屋をとるか、これが大きな問題になります。

湖が見える部屋をとれば、河口湖の花火も見ることができます。でも、もし雨が降ったら花火が中止になるかもしれません。

それに、できれば富士山も見たい。

それなら、両方が部屋から見えるホテルにしようと考えます。

ところが、候補にあげたホテルは、河口湖の端のほうにロープウェイが走っていて、その駅のある山が邪魔になって富士山が見えないことがあるらしい。

「それならば」と、位置をずらして、どちらも眺められるホテルにすればいいと調べてみると、ものすごく値段が高い。

さらに調べ直すと、河口湖以外にも湖が四つもあることに気づく……。

＊「損したくない」と頑張りすぎない

悩んで悩んで悩んで、結局どうしたのかというと……行きませんでした（笑）。

途中から選ぶのが苦しくなってきて、決められなかったのです。結局、富士山も河口湖も見られずじまい。

これは、今思い返してみると、「損したくない。一番得する部屋に泊まりたい」と思っていたのが間違いではなかったかと思うのです。

それ以来、僕は、

「よし、ものごとを選ぶときは、損するほうを選ぼう」

と思いました。

どちらにすればいいか迷ったときは、損するほうを選ぶ。

「損してもいい」と考えて、選ぶ。


これを選択の基準にすることにしたのです。

どうしてかというと、そのほうが悩みが減り、人生が楽しくなるから。

なぜなら、「損したくない」から迷うのです。そして**「損したくない」＝何かに対する〝恐れ〟に動かされている状態**だからです。

「損したくない」と思っているときの僕らは、

- お金
- 時間
- 手間
- 愛情
- 自尊心……

など、自分にとって貴重なものを、ほんの少しでも失うのは怖い、減るのを避けたいという「思い」に支配されて行動しています。

表現を変えれば、これは**「逃げ」**です。

逃げれば当然、その場では一時的に〝損〟は回避されますが、あとで〝より大きな損〟になって返ってくるのです（結局、雨で富士山が見えないとか）。

たとえば、婚活でお見合いをするときに、「この人と結婚したら損するな」と少しでも思う人を片っ端から除外していったら、百回お見合いしても結婚できません。

すると、いつまでも独り身で過ごす、結婚しそびれるという、その人にとっての大損をすることになります。

「損したくない、損したくない」と一所懸命に頑張りすぎると、最終的に損をしてしまいます。

「損するほう」を選んだほうが、結局は、絶対に得をします。

たとえば婚活で「ジジババつき」「介護つき」の人を選んだら、莫大な隠し財産がついてきたりして、最終的に「ああ、この人と結婚してよかったな」と思える日が必ず来ます（笑）。

つまり、ある意味、「損が先に来るか、後に来るか」ということだけなのかもしれません。

20 その〝がっかり感〟は、どこからやってくる？

そもそも僕たちは、いったいどういうときに、「損した」と感じるのでしょうか。

たとえば、ラッシュ時の電車の改札。

「あの改札から出よう」と思って並んでいたときに、目の前の人が改札に引っかかってモタモタしたり、割り込まれたりしたら、少しイラッとしませんか。

その横で、他の列に並んだ人たちはスムーズに流れていきます。

こんなときに、僕たちは「損したな」と思うわけです。

あるいはスーパーでレジに並ぶときにも、前の人のカゴに入っている買い物の量を見て、早くすみそうなところに行きたいと考えますよね。

「あのおばちゃんは玉ねぎ二つだけだから、あの後ろがいいや」と思って並んで待っていたのに、そのおばちゃんが二十分くらいかけて小銭を出す（笑）。しかも店員さんが研修中で、予想以上にレジ打ちに時間がかかりました。

すると、横で他のレジに並んでいた人たちがどんどん流れていくのを見て、やっぱり「失敗した。損した」と思います（え？　僕だけ？）。

ご飯を食べに行って、自分より後に来た人のほうに、先に料理が来ました。

これも損した気分になるかもしれません。

色々なことで、僕たちは損をします。

＊〝勝手な〟期待で一喜一憂しない

最近、あなたが「損したこと」を、少し思い浮かべてみてください。

目に見える損、目に見えない損、精神的な損……どんな損をしたでしょうか。

「シフト制の仕事をしていて、なぜか自分のシフトの日ばかり忙しい」

「休みなのに会社に出なければいけない。でも、休日手当はまったく出ない」

「昔からの知り合いと飲みに行ったけれど、ちっとも楽しくなくて、その時間を損してしまった」

「『〇〇プレゼント』のチラシを見て走って行ったのに、プレゼントが品切れだった」

「スーパーで安売りの野菜を買ったら、腐っているのがあった」

「得しよう」と思えば思うほど、僕たちは結果的に損します。

たとえば、「お買い得だ！」と思って買った野菜が腐っていたときの〝がっかり感〟は大きいものです。

なぜなら、スーパーで買い物中に「この野菜を買って、今日の食費は得しよう」と思った段階で、すでに自分は得をした、といううれしい夢がふくらんでいるのです。

その夢が、家に帰ってきて野菜を袋から出して、「あ！　腐ってる」と気づいた瞬間に、一気にペシャンコに潰されるわけです。

つまり、**損の裏側にくっついているのが、「期待」**です。

さらにその上に**「勝手な」**とつけてみてください。


人は、勝手に期待します。

特に、人とのつき合いの中で、僕らが一番勝手に抱きがちなのは、

「これをしてあげたら、相手に自分のことをよく思ってもらえるのではないか、好かれるのではないか。『ありがとう』と言ってくれるのではないか」

という期待です。

21

「せっかく〜してあげたのに」を手放す

以前、奥さんとケンカをしたことがありました。

僕の奥さんはヨガの先生をしています。彼女は彼女なりに、どうやったら生徒が来てくれるかを考えて、いろいろ行動していました。いわゆる経営の勉強会などにも行っていたわけです。

ところが、よく考えれば、僕も経営の勉強会をやっています。

それなのに、わざわざよその勉強会に行くわけです。ちょっと、面白くないわけです（笑）。

奥さんは自分のブログに「ヨガ教室をやります」と告知を書いています。しかし、当時はブログのアクセスがそれほど多いわけではなかった。

アクセス数を上げるための方法も、ずっと僕の勉強会の中で教えてきましたが、やっていません。

それを指摘すると彼女は、僕のブログで紹介してくれないからアクセスが伸びないのだと言うのです。そう言うなら、ということで紹介してあげました。

すると彼女は、お礼もなしに、

「紹介してもらって、私のブログへのアクセスは増えたけど、生徒は増えていない」

と言うわけです。

そのひと言に、僕はまた「ええっ!?」と思うわけです。

＊「何か腑に落ちない」ときの原因

それでも、その数日後のヨガの教室は、満員でした。

「今日は人が集まっているね」

「たまたまだよ」

やはり「ありがとう」の言葉はなくて、スッキリしません。彼女のブログを見たら、申し込みフォームを何もつけていません（当時の話です）。

「どうして申し込みフォームをつけていないの？」

「つけても変わらないと思う」

何か腑《ふ》に落ちない。「こうすればいい」と僕がせっかく教えてあげていることを、少しもそのまま受け取ろうとしてくれません。

「こうしたら？」

「そんなのやっても同じだし」

「こうしたら？」

「そんなの意味を感じない」

何度もそんな答えが返ってくると、だんだん腹が立ってきました。カチンときて、ケンカになりました。

自分が提供したものを受け取ってくれないのは、すごく悲しい気分になります。なぜかというと、回り回って、

「あなたの提供しているものは、大したことがない」

と言われている気になるのです。

もちろん、向こうは少しもそんなことは言っていません。でも、こちらはすっかりそんな気になって、傷ついています。

「せっかく教えてあげたのに、自分の労力を受け取ってくれない」

「自分の優しさを受け取ってくれない」

これは腹が立ちます。

でも、実はその腹が立った理由をもう少し考えていくと、**損したから腹が立っている**わけです。

「せっかく教えてあげたのに、自分の労力が無駄になった、損した」と。

ところが、彼女は謝りません。なぜなら、「悪い」と思っていないからです。彼女は僕を傷つけようと思っていたわけではない。

ということは、どちらも〝相手のせいで〟損したと思っていたのです。

彼女は「自分は悪くないのに文句を言われた」と思って損しているし、僕は「言ったことをやってくれない」と思って損しました。

＊「本音」を伝えると、イヤな気分は浄化される

どうしてこの話をしたかというと、僕たちが「損したくない」と思って我慢するとき、心の底には「ケンカしたくない」という思いがあります。

そして、「損したくない、ケンカしたくない」というときは、**「いい人」でいたいと思っています。**

でも、「いい人」でいると、苦しくありませんか。

たとえば、僕と奥さんの話の中で、僕が本音を言わなければ、僕は奥さんに対してずっと腹立ち続けなければいけません。

では、どうすればいいか。

腹が立ったときは、「損してもいい。嫌われてもいい」と思いながら、

「自分は腹が立った」

と本音を言うのです。

攻撃のケンカではなく、「私は腹が立った、イヤだった」ということをちょっと表現してみる。

「あなたに対して、私は腹が立っています」と責めるのではなく、

「私は腹が立っています」。

「どうして、そういうことをするのですか」と責めるのではなく、

「そんなことをされると、私はイヤです」。

こう言うのです。

＊「責める」から〝反撃〟が返ってくる

相手を「責めてやろう」という気持ちで攻撃してしまったら、向こうも反撃してきます。

そうではなく、「私は、イヤだった」と本音（感想）を言えば、「ああ、イヤだったんだ」で終わりです。

僕も奥さんに、

「自分の言ったことをやってくれなかったのが、悲しかった」

と、自分が引っかかっていたことを全部言いました。

ところが、「そんなの勝手でしょ」と返ってきました。

なんと！　本音を言ったのに！

でも実は、これは本音ではなかったということです。本音に見せかけた、相手をコントロールするための言葉だったのです。本当は、

「自分の言ったことをやってくれなくて、バカにされたような気がして悲しかった」

これが本音、つまり、自分が勝手にそうとらえてしまっていたということ。とってもカッコ悪いですよね。

でもそう伝えると、向こうも、

「ああ、そうなんだ。そんなつもりじゃなかったよ、ごめんね、実はね……」

とわかってくれました。僕も口に出して言ってみたら、自分で納得しました。自分の「怒りの理由」に納得できたら、それで終わりなのです。

そう、問題は気がしたことだった、つまり**問題って気のせい**だってことです。

そんなカッコ悪い本音に気づいて、ちゃんと言えば、相手にも伝わります。言わないと相手にはわからないから、次々と同じことをされるのです。

何かイヤなことをされたときにも、ちゃんと本音を伝えれば、イヤなことをされる「確率」は下がります。ええ、されるときにはされます（笑）。

それでも、

「損してもいい」

「怒られてもいい」

「評価を下げられてもいい」

「信頼を失ってもいい」

「給料を下げられてもいい」

「『出ていけ』と言われてもいい」

「『もういらない』と言われてもいい」

「損してもいい。大損してもいい。ああ、大損する。すごく損する。すごく嫌われる。死ぬ」


そう思いながら、勇気を出して本音を探して言ってみてください。

そうしたほうが愛されるし、うまくいきます。

22

「恐れ競技場」から「好き競技場」へワープする

マラソンは、みんなで同じ競技場からスタートして、ぐるりとコースを回ったら、また同じ競技場に戻ってきてゴールになります。

これと同じように、「損したくない」からスタートすると、「損」に帰ってきます。「恐れ」からスタートすると、「恐れ」に帰ってきます。

この陸上競技場の名前を**「恐れ競技場」**と言います。

ということは、「好き」から出発すれば、同じようにぐるりとコースを回って**「好き競技場」**に戻ってきます。

そして面白いことに、**競技場に戻ってきたときは、「恐れ」も「好き」もド**

ーンと大きくなっているのです。だから、あなたも一刻も早く「好き競技場」からスタートするマラソン選手になることです。

＊結局、「好き嫌い」で選ぶと後悔しない

結論としては、「損してもいい」と言いながら、「本当はやりたいのに、やっていないこと」を早くやってください。「本当はやめたいのに、やっていること」を早くやめてください。

「損してもいい」と思いながら、「やめたいのに、やっていること」をやめているところを想像してみてください。

会社勤めをやめているところ。
お酒をやめているところ。
不倫をやめているところ。

自分が今まで「やめたいのに、やめられなかったところ」を、グッと歯を食いしばって「損してもいい」と言いながら、やめることを選ぶ。すると、もしかしたら人生が音を立てて変わりはじめるかもしれません。

結婚相手を選ぶときもそうです。

「損してもいい」と言いながら、イヤなところもあるけど、条件もよくないけど、〝好きな人〟とすればいいんです。

「この人と結婚したら、一生において損だろうか得だろうか」と考えているうちは、なかなか結婚できません。

「好きか嫌いか」で選ぶほうが、前に進みやすい。

もしかしたら、結婚して十五年も経てば、格好よかった人の頭の毛が全部抜けてしまうかもしれません。

「でも、好きで結婚したのだから、仕方ないな」

好き嫌いで選んでいたら、そのようにあきらめがつくかもしれません。「裏切られた！」と言わなくてすみます。

そのように考えてみてほしいと思います。

＊お金を使うのを我慢すると〝別のところ〟から請求が来る!?

お金についても、同じです。

たとえば、ある勉強会やセミナーに、お金を払って行くべきかどうか、という問題で悩んでいるとします。

けれど、そこで「本当は行きたいけど、行ってみて期待外れの内容だったら損するかもしれないから、やめておこう」と我慢してお金を使わなかったら、**その分、別のどこかから同じような金額の請求が来る**のです。

財布を落としたり、事故にあったりと、〝思いがけないイヤな出費〟という形で請求が来ます。

つまり、自分がやりたいことにお金を使わなかったら、どこかから、**「やりたいことに使わないのなら、やりたくないことに使いなさい」**とバサッと請求が来るのです。

＊「やりたいこと」を見送っていると〝悩み〟がふくらむ

これは、僕がセミナー代を考えるときの基準です。

「これをケチったら、どうせどこかから請求が来るな」と思います。

「やりたい」と思っているのにやらなかったら、その分、違うところから、払いたくもない請求が来ます。

「損したくない」と思って、「やりたいこと」を見送るのは、やめたほうがいい。結果的に、より大きな損をします。

お金については、どうしても一円、十円の〝金額の差〟で損得を考えて、悩んでしまいがちです。

けれど僕は、「損してもいい。損するほうを選ぼう」を判断の基準にしてから、結論を出すのがすごく早くなりました。

「損してもいい」と思えないせいで、判断できずにいると、「どうしようかな」という苦しい悩みを抱え込みます。

その「悩む時間」がなくなるだけでも、自分の心がすごくスッキリするはずです。

23

実は今、「得している真っ最中」かもしれない

多くの人にとって、「損するのが一番イヤ」なのは「お金」だと思います。
「お金を損するのは、私は平気」という人はあまりいません。

たとえば税金。公務員に対して、よく〝税金の無駄遣い〟がやり玉にあげられます。
「税金で○○省がマッサージチェアを買った」——そういったことに対して文句を言うのは、どういう人たちでしょうか。

たとえば、億万長者が「公務員は税金を使いすぎだ」と文句を言うでしょうか。たぶん言わないでしょう。

公務員の人たちは給料がよくて、退職金が多くて、社会的に安定しているといわれています。

そして、「でも、自分はそうではない。あいつらばっかりいい思いをして、得をしてずるい」と思う人たちが、怒っているのかもしれません。

ですから、もしかすると人は「誰かが得している」と思ったときに、「その裏で自分が損している」気がして、歯ぎしりするのかもしれません。そのことを「許せない」のかもしれません。

＊「頑張るほど、損している」気分になるのはなぜ？

セミナーで、こんな話をしてくれた人がいました。

「仕事を早く片づけると、その分、別の仕事が山ほど回ってきます。それなのに給料は少しも上がりません。かと思えば、自分より仕事ができない人が、年功序列の給与体系で自分より給料が多いのです。

こんな職場では、モチベーションが上がりません。仕事を頑張れば頑張るほど、損している気分になります」

この人はなぜ、仕事を頑張って早く片づけるのでしょうか。次の仕事が回ってくるのがイヤであれば、わざとゆっくりやったほうが得でしょう。

それでも頑張って早く片づけるのは、「いい評価をされたい」からです。「いい評価をされたい」と思って仕事を片づけたら、次の仕事がやってきて、それをまたアリさんのように、せっせとスピーディーに片づけます。それでも給料は上がらない。

それなのに、仕事のできない大して働いてもいないまわりの人たちが、自分より給料が高いのは納得できません。

これはつまり、**私が損しているだけでなく、その裏で誰かが得しているから、〝損している感〟が倍増しているの**です。

年功序列で、頑張っても頑張らなくても給料は同じ——それなら、「頑張らない」ようにすれば一発解決です。損したくないのであれば、頑張らずにダラダラ仕事をしたほうが得です。

でも、そう考えても、やっぱり納得がいかないでしょう。

＊〝腐りながら〟やっても「いいこと」ゼロ

自分には本当は能力があるのに、「頑張っても損するだけだから、頑張るのはやめよう」と、わざと力を発揮しない——それは居心地が悪い。

つまり結局は、**「頑張っている自分が好き」というほうを選んでいる**のかもしれません。

だから、こういう状況にいて不満を抱えているのなら、

「私は、自分を好きでいるほうを選んでいるんだ」

と思ってみてください。

「もしかしたら、私は今まで『損している』と思っていたけれど、本当は損していなかったのかもしれない」ということです。

「損している、損している」と腐りながらやっていると、損に向かってまっしぐらです。

けれど、実は長い目で見ると、**「得している真っ最中」**かもしれません。

それを「損している」と思いながらやるか、「私、好きでやっているんだな」と思いながらやるのか——それによって人生の流れは変わってきます。

それこそ「損してもいい」と思いながら、自分の頑張りたいように頑張ってみてください。すると、必ず誰かが見てくれています。

損している間は、誰かに得をあげている。

そう、**徳を積んでいる**のかもね。

24

「免罪符」を買うより「ひんしゅく」を買う

「おばが亡くなり、来月四十九日の法要があります。その法要の日には、大好きなアーティストのコンサートもあって、私はそれをとても楽しみにしていました。

でも、四十九日の法要に出席しないと、親戚中のひんしゅくを買いそうなので、法要のほうに行くことにしました。

母にも相談したのですが、やはり『法要に行け』と言われました。でも、気持ちの整理が今一つできません」

こんな質問が来ました。僕からの「答え」はこれだけです。

ひんしゅくを買ってください。以上！

この人は「ひんしゅくを買うのがイヤ」だから、コンサートをキャンセルして法事に出席しようとしています。

それは、「私は、いい子にしないと嫌われる人」と心の根っこで思っているからです。「嫌われるはずだ」と思っています。

どうぞ、嫌われてください。

また、なぜこの人はお母さんに相談するのでしょうか。それは、お母さんが「行かなくていいよ」と言ってくれたら、「お母さんが行かなくていいと言ったから」と言えるからです。

お母さんは、二億円くらいの大きな保険なのです。最高の免罪符です。

＊自分の心の「ノー」を大事にする

この人は法事に行くことを「損したくない」という基準で選んでいます。すると、いざ法事に行っても、必ずイヤな思いをします。

「別に来なくてもよかったのに」

「わざわざ無理して来なくていいのに」

と言われます。そう言われたら、ムカッとしませんか。絶対にそうなります。

「あれ？　来たの？」と言われたりする。

おばの四十九日の法要に姪っ子が来なかったからといって、怒る人はいません。

ぜひ損してください。嫌われてください。

法事をキャンセルして、「好き」を選んでください。

少しも行きたくない法事に行くということは、自分にウソをつくということです。自分にウソをつくとは、「恐れ競技場」を走っているということです。

「嫌われてもいい」と言いながら、コンサートに行きましょう。

これをやりきる勇気、それだけです。

「本当は法事に行きたくない、ノー」と言っているのに、それを抑え込まないでください。

自分の心が「ノー」と言ったときは、その「ノー」を大事にしてください。

そちらの勇気を持つことです。

＊〝ロクでもない想像〟のかき消し方

僕も実は先日、あるセミナーに誘われました。

いろいろな義理もあったから、「行く」と言っていました。三泊四日の合宿でしたが、日が迫ってくるにつれて、だんだんイヤになってきました。その世界で影響力のある人が主催のセミナーだったので、

「でも、一度行くと言ってしまったしな。どうしようかな」

「その人に嫌われたら、これから色々と不都合があるし、どうしようかな」

と悩みました。

一所懸命に損得を考えました。「イヤ」と言ったらどうなるか、「嫌われるかも」「ダメなやつと思われるかも」と、怖いイメージが湧いてきます。

そんなイメージが頭の中にモヤモヤと湧いてきたら、「ちゃうちゃう」と言って、手で払って消すのです。それでも、しつこく湧いてきます。

そんなこんなを繰り返して「もう、いいわ」と思ってメールを送りました。

「ごめんなさい。キャンセルします」

すると、

「そうですか。わかりました」

とだけ返事が来ました。

もしかしたら、相手は裏で腹を立てているかもしれないし、「こいつ、もういいや」と思われているのかもしれません。

でも、それで「もう、いいや」と思う人であれば、こちらからも「もう、いいや」です。

あー、スッキリしました。

「ノー」と言ってください。

それによって悪いイメージが湧いてきたら、**「ちゃうちゃう」**です。

世界最強の呪文です。

損しようとしたときに浮かんだロクでもない想像は、全部「ちゃうちゃう」でかき消してみてください。

これだけで前に進んで、得することがたくさんやってくると思うので、ぜひチャレンジしてください。

6章

「裁く」のをやめると、うまくいく

——その〝法律《ルール》〟が自分を息苦しくさせている

25
心の「肩こり」をゆるめるコツ

僕は会社員時代、心の中に〝法律〟を山ほど持っていました。
この法律は国の法律ではなく、〝自分だけの法律〟です。

「仕事はスピーディーにやるべき」
「ご飯は、残さずに食べるべき」
「仕事は、丁寧にやるべき」
「メールの返信はすぐにするべき」
「部下は上司に、こまめに報告をするべき」
「子どもはちゃんと勉強するべき」

……などなど、とにかく、びっしりありました。

そして、こうした〝法律〟が心の中にあまりにもたくさんあると、〝法律違反〟をする人たちが、世の中にたくさんいるのが次々と目に飛び込んでくるのです。

だから、昔の僕は常にイライラして、何かに腹を立てていました。

＊「ここ」をほぐすと心のゆがみがとれていく

かつての僕は、この「べき」がすごく多い「ベッキーさん」であり、「こうせねばならぬ」という考えに支配された「ネバーランド」に住んでいました。

そして、寝ながらでもうなされるくらい、ずっと苦しかった。

「べき」とは、もう少し別の表現をすれば、考え方や価値観の〝偏り〟です。

これは「肩こり」と似ています。たとえば肩こりでも、肩だけを揉んでも実は効果がありません。肩をこらせている原因となっている、体の他の部分をゆるめないといけません。

心も、自分が偏っていることで、痛みが生じています。

どのように偏っているかというと……。

「ああいうことは、してはいけない」という否定。
「こういうことは、バレてはいけない」という抑圧。
「こういうことは、してはいけない」という禁止。
「これは、絶対に手放せない」という執着。
「あの人のことは、絶対に許さない」というねじれ。
「これが正解、これが絶対すばらしい」という盲信。

これらの心の肩こりを、全部ほぐして、ゆるめていくのです。

＊その〝決まり〟は自分の何を守ろうとしているのか

心の「痛み」にあたるものは、イヤな人であったり、苦手な人であったり、イヤな出来事であったりします。これらをなんとか排除しようと思って、一所懸命に頑張っても、何も変わりません。

つまり、**イヤな人、苦手な人、イヤな出来事を作り出している、自分の心の偏りをゆるめていこう**というのが、この章のテーマです。

でも、人は自分の心の偏りに気づけません。そこで、今からみなさんの偏りを探していこうと思います。

法律は非常によくできています。世間の法律では、「人が恨みに思うことをしてはダメ」と決められています。たとえば、

「人のものを盗んではいけません」

「人を傷つけてはいけません」

「他人のパートナーを奪ってはいけません」

盗んではいけません、だましてはいけません、ウソをついてはいけません。

このように、「人が『恨み』に思うことをしてはダメよ」と法律は決めています。

そういう意味で、**法律は、自分を守るためのもの**なのです。

＊自分は何に「×」をつけているのか

そして、〝自分だけの法律〟を知るための簡単な方法があります。

Q1「最近、あなたがイラッとしたことはなんですか」

これを思い出してみてください。

たとえば、貸したお金をなかなか返してもらえなかった。

並んでいたら順番を抜かされた。

電車の中でマナーの悪い人を見た。

同僚の口にした言葉に「あの言い方はないわ」と思った。

ランチに入ったお店で、店員の態度が悪かった。

メールの返信が来なかった。

ウソをつかれた。

レジでおつりを間違えられて、二円多く払ってしまった。


自分がイラッとしたことを振り返っていくと、「自分はこういうことに×をつけているんだ」ということがわかってきます。

イラッとした出来事は、**あなたにとっての「法律違反」**だったのです。

え？　そんなの当たり前の常識でしょ？　と思うかもしれませんが、少なくとも「それをする人たち」にとっては〝常識〟ではないのです。

26

そのこだわりを「パッと手放す」だけでいい

〝自分だけの法律〟は、今までの自分自身の経験や、出会った人からの教えに基づいて作られています。

過去に、つらく忘れがたい、イヤな思いをした。

親や友達や家族やパートナーに「そんなことをしたら失敗するよ、嫌われるよ、絶対イヤな思いをするよ」と言われた。

「そんなことをしたら、お巡りさんが来るよ」と言われた。

そうした過去の経験をもとにして、同じ目に遭うことを避けるために、〝自分だけの法律〟を作りました。

たとえば、たまたま体調が悪かったときに、友達からのメールに返信をせず、放置してしまった。

そうしたら、その子が自分のいないところで、「あの子って、私のことばかり無視するの。ひどいよね」と他の友達に言っていたらしいのを耳にして、悲しかった。

だからこれからは、誰からもらったメールでも、すぐに返信をするべきだと思うようになった……。

そんなふうに、**自分が過去に味わったイヤな思いを、もう二度としないですむように、自分を守るために作った**のです。

＊「しがみつく」より「流れにのって」いこう

その考え方は、それはそれで色々な意味で幸せを作り出します。

その代わりに、何が起こるのか。

自分のまわりが〝間違っている人〟だらけになるのです。

「私が正しい」と言いたいから、自分のまわりに〝間違っている人〟〝正しくない人〟を置くのです。わざわざ集めてきます。

もしくは、自分のまわりの人たちに〝正しくないこと〟をさせるのです。

それを見ながら、「ほら、私は正しい。だから、私はここを動かないんだから」とキュッと体を硬くします。

まわりはどんどん進化して成長し、新しい流れにのっているのに、自分一人だけ「流されまい」とギュッと岩にしがみつく。

みんな幸せになっているのに「私はここから動かない」とこだわっている。

カッパのように流れている人が、「こちらに流れてきたら幸せになるよ」と言っているのに、「見えないところに行ったら大変なことになる」と岩にしがみついています。

みんなどんどん流れていきます。チラッと見たら、「あんなところまで行っている。ずるい！」と言うわけです。

「ずるい」のでは、ないのです。あなたがその手をパッと離したら、流れていくのです。でも、手を離すのが怖い。どこに流れていくのかが、わからないからです。

どこに流れていくと思いますか。

広い海に流れていきます。そしたら好きなところへ行けるし、白い砂浜のビーチもあります。豪華客船にも乗せてもらえる。

すごく「いいこと」がいっぱいあるのに、「私はここから動かない」と言っている。

苔《こけ》でぬるぬるした岩場に、死に物狂いでしがみついている――〝自分だけの法律〟にしばられている人というのは、そういう状況にあるのです。

27

「イラッとくる」ポイントが教えてくれること

自分の中には、たいてい、「この人はいい人」「あの人は悪い人」という区別があります。

このいい人、悪い人の頭に**「自分に都合の」**という言葉をつけてみてほしいのです。

僕たちは「自分に都合のいい人」のことを「いい人」と呼びます。「自分にとって都合の悪い人」のことを「悪い人」と呼んでいます。

すごく勝手な話だと思いませんか。

つまり、あなたにとって「いい人」というのは、自分の価値観に合っている人です。

あなたにとっての「悪い人」「イヤな人」というのは、自分の価値観に合っていない人です。

非常に身勝手でわかりやすい。

そして困ったことに、心の中に「べき」を持っていると、自分のまわりの人たちが、その「べき」を刺激しにくるのです。その「べき」を持っていると、そのポイントでいつもイラッとすることになります。

＊相手が「うらやましい」からイラッとくる

自分の「べき」を守らない人にイラッとしてしまうとき、実は僕たちは、イラッとした出来事を起こした人のことを、**「うらやましい」**と思っています。

何がうらやましいのか。

遅刻してくる人。
誰かの悪口を言う人。
期限・〆切を守らない人。
お金にルーズな人。
愛想の悪い人。
すぐ怒鳴り散らす人。
ご飯を食べ残す人。
電車やバスの中で、大きな声で話す人。
見た目に全然気を使わない人。
空気を読まない人。

そんな人に対して、「私には、とても恐ろしくて、そんなことは絶対にできない。本当は私もそうやって自由にしたいのに！　ずるい」と思っているということです。

そんな「うらやましさ」が、裏側にはあるのです。

つまり自分は、本来の自分の思いを抑圧しているということです。

＊「怖いとき」に人は怒る

「よく、あんなこと、できるわよね！　でも、本当はうらやましい」と思っている行動を、あなた自身がとっているところを想像してみてください。

できるでしょうか。おそらく、できないことが多いでしょう。

「そんなことをしたら、私の評判が地に落ちる」

「嫌われる、ここにいられなくなる。悪いやつ、冷たいやつ、愛想のないやつと思われる」

そういう「怖さ」があるから、できない。

犬も怖いときに怒ります。猫も触ろうとすると怒ります。

同じように**怖い（不快な）ときに、人は怒る**と思っていてください。

つまり、イラッとしたときは、「自分は何かを怖がっている」ということです。

それは〝安全〟が〝減る〟怖さです。

僕たちは、自分が自分の「べき」を破ったときに、人に嫌われて一人ぼっちになるのが、ものすごく怖いのです。孤立、孤独、一人ぼっち——そんなことになったら、とても生きていけない——想像するだけでも震えています。

そんな**恐怖を隠すために、「そうするべきではない」と言って法律を持ち出すのです。**

「本当は怖いからやめてほしい」と言いたいのに、「そうするべきではない」という正しさの法律を振り回しているのです。

28

自分の中の「タブー・常識」を覆す

ノーベル賞を逃した野口英世はアフリカに行って、「黄熱病」の原因となる細菌を発見しました。

「これが黄熱病だったんだ。大発見だ」

と当時は高く評価されました。でも、後世で「黄熱病はウイルスによって起こる。野口の細菌説は間違っていた」と言われました。

逆に、過去に「間違っている」と言われていたことが、今は「正しい」になっているることも、世の中ではたくさんあります。「地動説」などは、その典型的な例ですね。

＊「アホじゃないか」が常識に変わる日

特に商売の世界では、それが顕著です。今までタブーと言われていたことを覆すことで、商売が大成功した例はたくさんあります。

僕はカウンセラーになる前は運送業界にいましたが、かつて個人の荷物の集荷、配送は、郵便局の独擅場でした。どんなに重い荷物でも、発送したければ、自分から郵便局まで持っていく必要がありました。

それを佐川急便や〝宅急便〟のヤマト運輸が、「荷物を一つひとつ家庭（会社）に取りにいこう」と言い出しました。会社の中から外から「アホじゃないか」とぼろくそに言われました。でも、今ではそれが標準、「当たり前」になっています。

また、コーヒーショップはお客さんが入ってきたら、ウエイトレスが席まで注文を取りに行き、コーヒーを持っていくのが標準でした。でも、いつの間にかセルフサービスが主流になっています。

「このほうがいい」と、みんなの意識が変わったのです。


インターネットが流行りはじめたときに、ネット通販ができました。これも「ネットで買い物なんて、日本では絶対に流行らない」と言われていましたが、今では標準となり、ものすごく大きな市場になっています。

「タブーを壊していく」ところから、商売のヒットは出てきたわけです。

「ダメだ。できるわけがない」と思っていたことが、いつの間にか「当たり前」になっているんです。

＊全部に、○《まる》をつける

もう一つ、人生がうまくいくために覚えておいてほしい言葉があります。この言葉を口グセにすると、すごく面白いと思います。

「あ、いいんだ」

これを口グセにしてください。

「あ、やってもいいんだ」
「あんなこと言ってもいいんだ」
「あ、あれしなくていいんだ」
「お中元って、贈らなくていいんだ」
「結婚式の結納、しなくていいんだ」
「してもいいんだ、しなくてもいいんだ」

つまり、これは「イケナイ↓イイ」へと常識を覆すことです。自分の常識なので、たこ焼きのように勝手にクルクルと裏返していいのです。クルクル三六〇度、全方向に回してください。**全部、〇《まる》**ということです。

〝正しいこと〟はないのです。

「してはいけないことは何もない」「しなければいけないことも何もない」ということです。

そしてこれからは、正しい・正しくないではなく**「私がそれをしたいか、したくないか」**という基準に変えてほしいのです。

してもいいんだ、しなくてもいいんだ、言ってもいいんだ、メールを別に返さなくてもいいんだ、お礼を返さなくてもいいんだ。

たとえば、人に優しくしてもらったら、優しくし返さないといけないと思っている人が世の中には結構います。以前の僕もそうでした。

すると、「優しさを返すのが面倒だから、優しくしない」という変ないじけ方、ねじれ方をするときもあります。

人に優しくしてもらったら、まずは受け取ってください。

「ありがとう」のひと言だけでいいんですよ。

29

〝被害者ぶる〟のは、やめよう

自分が「大事にされていない」「軽く扱われた」「傷ついた」と感じるようなことを言われたとき、されたとき、グッと我慢するのは、もうやめましょう。

「私は、それはイヤ」と「ちゃんと言う」ということです。

これは、言えない人にとっては、結構怖いことです。心がねじれているときは、「イヤ」と言いたくないから、わかってほしくてモジモジしています。

わかってほしくて、言葉ではなく態度で表わそうとしたり、すねた言動をしてみたりする。

「あの人は気づいてくれるだろう」

と、様子をうかがい続けます。

「それは、イヤ」と言えばいいだけです。言えないから、どんどん〝被害者意識〟をふくらませていく。

それでそのうち、

「言わせてくれない〝あの人〟が悪いんだ」

と勝手に加害者を作ったりします。

「してほしい」「やめてほしい」「イヤ」これをちゃんと言おうということです。

＊「ひねくれる」より「ちゃんと、言う」

この話をすると、必ず出る質問があります。

「イヤと言っても、会社が聞いてくれないのです」

「イヤと言っても、パートナーがやめてくれないのです」

それは別の話だと、一回切り離してほしいのです（本音の話、133ページ参照)。

自分が「やめてほしい」と言ってみて、本当にその希望通りになるかならないかは、相手次第です。

でも、こちらが何も言わずに相手を悪者にして、すねて、ひねくれているうちは、何も変わりません。

たとえば、

「この仕事量だとつらいので、減らしてもらえませんか」

と勇気を出してちゃんと言ったとします。それでも、

「それは無理です、やってください」

と言われたら、「はい。じゃあ、わかりました」と仕事をやればいいのです。

そういうことです。

「希望を聞いてくれなかった」

と言って、その人のことを怒るのは、筋が違うということです。

自分は、ちゃんと言った。でも、相手から「それは困るからやってくれ」と言われたら、その結果も「ああ、そうなんだ」と受け取るということです。

「どうせ言っても無理」と思って言わないと、どんどん胸の中に変なものがたまってきます。それよりも、叶おうが叶うまいが、大切なことはちゃんと言おうということです。

言わないでいて、「あの人はおかしい」と被害者ぶるのは、ずるいのです。

「そんなことを言っても、絶対否定されるはず」

「あの人にそんなこと、言えるわけないでしょ」

これを「弱犬の遠吠え」と言います。

ちゃんと言って怒られたら、「ああ、怒られた」でいいのです。

30

あの人だって、本当は怖くて不安なだけなんだ

「怒鳴る人」がいます。「怒鳴られる人」がいます。

ここに**「竹林の法則」**というものがあります。

竹は根っこが一つで、そこからいっぱい竹の子が生えています。スギナも同じです。根っこが一本で、そこからいっぱい芽が地面に出てくるのです。

つまり、**怒鳴る人（Aさん）と怒鳴られる人（Bさん）は、根っこは一緒だ**ということです。

そこで、怒鳴る人（Aさん）は、どうして怒鳴るのかを考えてほしいのです。

たとえば、自分にとても自信があって、心にゆとりがあって、おおらかで優

しい人は怒鳴りません。

つまり、怒鳴る人は、実は「自分に自信がない人」です。自分に自信がないから、心の中に常に「不安」と「恐れ」を持っています。

だから、まわりの人が自分をバカにしているのではないか、まわりの人が自分を裏切るのではないか、自分に無礼なことをするのではないか、まわりの人が自分を騙すのではないか、殺しに来るのではないかと、常にまわりを見張っています。

「あいつ、俺のことをバカにした」
「あいつのあの態度はバカにしている」
「あいつが俺の言うことを聞かないのは、俺のことをバカにしているからだ」
「俺の言った指示通りに動けないのは、俺のことをなめているんだ」

そういう目でまわりを見ています。

つまり、不安と恐れ、恐怖に包まれているから、怖くて吠えているのです。

いつもキャンキャン吠えている、弱犬と同じです。

＊不安な気持ち――「攻撃」と「防御」はワンセット

怒鳴られる側の人（Bさん）は、常に怒られるのではないかと、同じように不安と恐れを抱いています。AさんとBさんは不安仲間です。

AさんとBさんは、根っこは同じだということです。この不安と恐れから、**「攻撃」**という形で自分を守るのが、怒るAさん。

不安と恐れを**「防御」**という形で小さくなって我慢するのが、怒鳴られるBさん。

あえて言うと、Bさんは怒られたいのです。こういう人をマゾといいます。

つまり、「私は怒られる人なんだ」とどこかで思っていて、それを確認したいから、Aさんをくすぐって怒らせるのです。

「よし、やっぱり怒られた」と、どこかでガッツポーズしているのです。

つまり、**不安の表現方法が違うだけ**です。それを知っていてほしいのです。

この二人はワンセットです。

だから、怒鳴る人は怒鳴られる人のことを「あれは、不安がってまわりをうかがっている、卑屈な自分の姿と同じなんだ」と思ってみてください。

怒鳴られる人も、怒鳴る人に対して、「この人も私と同じで怖いんだな」と思ってあげてください。

そして、心の中で「怖くないよ、怖くないよ、怖くないよ」と、いっぱい声をかけてほしいのです。

「怖くないよ、バカにしていないよ。あなたは大事にされているよ。あなたは怒らなくても立派だよ。怖がらなくても大丈夫だよ」

と、心の中で優しい言葉をいっぱいかけてほしいのです。

「あの人は私と一緒なんだ」

「そうなんだ。あの人も怖いんだな」

これは暴力を振るう人・振るわれる人、
いじめる人・いじめられる人、
怒る人・怒られる人、
みんな同じです。

心の中で、「あなたも怖いんでしょう」と思ってあげてください。
「怖かったんだね。私と一緒だね。不安だったね」って。

7章

「カンペキではない自分」でも愛されている

——「すねる」のを、やめるだけでいい

31

過去の「杭」にしがみついている手を離す

僕がこうして、いろんなお悩み解決のための考え方を紹介していると、

「私の状況は、もっとひどいのよ」

「私のつらさは、そんなもんじゃないのよ」

「自分は、もっとずっと大変な目に遭ったのよ」

という声がときどき届いてきます。


「私のせいじゃないのに」

「自分はこんなに頑張っているのに」

「あのときは、仕方がなかったのに」

という反応も返ってきます。

うん。全部、とてもよくわかります。そうなんですよね。本当にそうだったんですよね。

それなら、もう「そうだった、それしかなかったんだ」で終わらせてしまって、いいじゃないですか。そして、そろそろ次に進もうよ、ということです。


過去のひどさを語るのは、もういいじゃないか。

過去にされたことを語るのも、もういいじゃないか。

もういいじゃないか。前に進もうよ。

過去の杭にしがみつかないで、前に進もうよ。

＊「王様の椅子」の座り心地

過去の杭にしがみついている間は、**「被害者の椅子」**に座っています。

この椅子は**「王様の椅子」**です。

人を責める権利があって、人によくしてもらう権利があって、そこから一歩も進まなくてもいい、そんな便利な椅子。

ずっと座っていると、歩き方も立ち方も忘れてしまって、筋力も落ちてしまって、本当に歩けなくなる。


被害者の椅子。王様の椅子。

いつまでも、そこから動きたがらずにいるのは、あなたなのです。

あなたが、今日まで「被害者」でいることを選んできたのです。

あなただけが、自分をいつまでも「被害者」にできるのです。


ひどい目に遭ってもいいから、「ひどい目に遭う人」にならないで。

できなくてもいいから、「できない人」にならないで。

失敗してもいいから、「失敗する人」にならないで。

許せなくてもいいから、「許せない人」にならないで。

今は結婚できなくてもいいから、「結婚できない人」にならないで。

一つのことを持ち出して、全部のことにしないで。

いつまでも、そこにこだわるのをやめませんか。

そんな〝呪い〟に自分からかかったままになるのは、もうやめませんか。

自分で自分の可能性をつぶすことも、自分で環境を悪くすることも、しなくていいんです。

32

〝解けない悩み〟は一つもない

心の悩み、人生の悩みというものは、実は非常にシンプルです。

「こうすればいい」というのが一目瞭然のこと。

でも、それなのにわざわざ、**別のところから「悩み続ける理由」を持ってくる**、ということがよくあります。

誰かから「それは仕方がなかったね」と言ってもらえそうな理由――一番多いのが「お金」「体調」「誰かの反対」などの問題を持ってくるのです。

本当は、自分のトラウマや考え方の問題なのだけれど、そこに向かい合いたくないから、別の「大問題に見える問題」を持ってくる。

○夫の問題
○妻の問題
○パートナーの問題
○親の問題
○体調の問題
○お金の問題
○上司の問題
○会社の待遇の問題
○自分の能力の問題

を持ってきて、ずっとそこに取り組む。

これを**「解けないルービックキューブ」**と呼びます。

で、この「解けないルービックキューブ」を散々いじくり回してから、自分のまわりの人に「相談」「愚痴」という形でポイッと渡すわけです。

するとと、まわりの優しい人たちは、あれこれ一緒に解決の方法を考えてくれたり、優しく話を聞いてくれたりします。

でも、そもそも「解けない」ものだから、決して解けることはない。

逆に言えば、**その問題が解けてしまうと、本人は困ってしまう**のです。

それが誰かに解かれてしまったら、本当の「自分の問題」に取り組まないといけなくなってしまうから。

だから、解決方法やアドバイスをもらっても、「でも」「だって」「どうせ」と抵抗し、自分の問題がどれだけ難しいのかを力説するのです。

それ、もう、いらん。

＊「ややこしそうな問題」ほど、根っこはシンプル

僕がカウンセリングをしていても、相談に乗っていても、そういう「ルービックキューブ」を差し出してくる人がいっぱいいます。

でも、僕はそういうときは「もっと苦しめ〜」「それは、知らん」と言います。

僕には「それ」が本当の問題ではない、とわかるから。

ややこしそうな問題、どうすればいいのかまったくわからない問題であればあるほど、そういう「罠」であることが多いのです。

問題って、もっとシンプルです。

ただ、勇気を出せば終わる。それだけのレベルです。

ただ、意地を張るのをやめると終わる。

ただ、我慢をやめる。

ただ、頑張るのをやめる。

それだけのレベルで解決できると言って問題ないでしょう。

だから、もう解けない問題をいじくり回すのはやめよう。

負けよう、損しよう。勇気を出して、自分のすばらしさを認めよう。

それだけで人生は変わるのです。

その勇気が出せないから、心の傷が癒えるのを待ってから、時期が来てから、痛くないように、苦しまないように……なんていつまでもやっているから、痛みや苦しみが続くのです。それが「**すね**」なのです。

やるときには、一気にやる。一気に、痰《たん》を飲む。

一気に通過して、終わらせてしまおう。

とはいえ、僕も通過できないものは、いっぱいあるんです、まだまだ。

だからこそ、自分に向かって言い続けるように、こうやって発信し続けているのです。

33

幸せって、「不幸がないこと」？

僕は、ずっと「幸せになりたい」と思って頑張ってました。

「認められたい」って頑張ってました。

「愛されたい」って、「嫌われたくない」って頑張ってました。

そのためには、自分の人生の中から、

「不幸」

「認められないこと」

「嫌われること」

「できないこと」

「問題」

を、全部カンペキに消し去ることが大事だと思っていたようです。そして、

「問題がないこと」

「不安がないこと」

「病気にもならない」

「すべてうまくいく」

「いつも褒められて」

「みんなに認められて」

「二十四時間、いいことが起こる」

それが「幸せ」だと、ずっと思ってきました。

雲一つないピーカン、みたいな心になりたいと思っていました。


だから、いいことがいっぱいあるのに、いっぱい認めてもらっているのに、基本的には健康なのに、〝消しきれない〟不安や問題が一つでもあると、「全然ダメだ」と思っていました。

「黒」が少しでもあるとダメだと。「まだまだ」、と。
「幸せが足りない」「白く塗りつぶせ」と、頑張っていました。
でも、違っていたんです。

白も、黒も、灰色も、赤も、黄色も。
問題も、悲しみも、アクシデントも、別れも。
戦いも、嫌悪も、後悔も、嫉妬も。
苦しみも、迷いも、裏切りも、違和感も。
全部あることが、幸せなんだ、と。

あ、「これでいいんだ」「この今が、幸せなんだ」と。
ああ、なんだ。「幸せになる」んじゃなく、「すでに幸せなんだ」。
ずっと前から、ずーっと自分は幸せ「だったんだ」と気づいたのです。
「幸せ」になっても、イヤなことは、起きるんだ。

幸せになっても、嫌われるんだ。

幸せになっても、腹が立つんだ。

幸せになっても、悲しいことはあるんだ。

幸せになっても、怒られることがあるんだ。

と、気づいたのです。

そしたら急に「幸せ」が増えました。急に「イヤなこと」が減りました。

＊それを「幸せ」って言うんだよ

だから今、不幸でいっぱい、悲しみでいっぱい、憎しみでいっぱい、痛みでいっぱい、苦しさでいっぱい、何かができないふがいなさでいっぱいの人へ。

「子どもがあんなことになっちゃった」

「親がこんなことになっている」

「夫が、奥さんが、あんなことばかりする」

「自分はこんなこともできない……」

「結婚もできない」

「子どもも産めない」

「働けない」

「家を出られない」

「嫌われてばかり」

「不倫ばかり繰り返してしまう」

そんな人へ。

あのね、残念なお知らせだけど……それを「幸せ」って言うんだよ。

知らなかったでしょ。ましてや「病気」なんかじゃないんだよ。


試しに、声に出して言ってみませんか。

「へぇぇぇぇ、これでも幸せなんだ」

「へぇぇぇぇぇぇぇぇぇぇぇぇぇ、これが幸せって言うんだ」

「なぁんだ」って、笑ってごらん。
それだけで世界が変わるんですよ。

おわりに……「答え」に気づくために、「問題」があった

心屋では、その人のお悩みの内容によって、「特別扱い」「慎重に」「重い人」「大変な人」として扱うということはありません。

- セクハラにあった人
- パワハラにあった人
- 重病の人
- 子どもが不登校の人
- 彼氏にふられた人
- 借金を抱えた人
- 経営がうまくいかない人
- パソコンがフリーズして困っている人

- 過食嘔吐の人
- うつの人
- なんとなく人づき合いがうまくいかなくて悩んでいる人

みんな、同じ扱いです。**悩みに、重いも軽いもない**のです。

「その悩みを、重いと見る人と、軽いと見る人がいる」だけだから。

そして、**すべての問題は必ず解決する**、と考えます。

それは「その人」が、自分らしく、幸せに、自由に、豊かに生きるための「答え」がまず先にあって、そこに「本人が気づくため」に「問題」があるからです。

「答え」に気づくために、

「問題」を自分が起こしているだけだから。

「問題」を自分が引きずっているだけだから。

その「答え」に気づいたとき、内容に関係なく、問題は「消える」のです。

こう言うと必ず、

「じゃあ、私が虐待されたのは、私が悪いって言うんですか⁉」

「私は何も悪くないのに、一方的に被害に遭ってるんです‼」

「過去にされたことは、消えないんです！」

という「被害者」の方が、感情的になります。

でも、実はそれさえも、僕は意に介しません。

誰もその人のことを悪いと言ってないし、間違っているとも言ってません。


では、その人が、そんなにつらい目をしてでも、そんなにひどい目に遭ってでも、解きたかった「答え」って何だと思いますか？

では、その人がそんなに苦しい思いをしてでも、うつになるぐらい頑張ってでも、知りたくなかった、怖かった、拒否してきた「答え」って何だと思いますか？

それを「知った」だけで、そこを「認めた」だけで、どんな苦しみも消えるのです。

そして苦しんだ分だけ、涙と笑顔が止まらなくなるんです。

その「答え」とは、死ぬほど知りたかった「答え」とは、

「どうせ私は、すばらしい」

「どうせ私は、愛されている」

ということです。

それは、

「自分は、自分のすばらしさをホントはまわりにも知ってほしいけど、自分からは言えなくて、気づいてもらえないから悲しくて、被害者のふりをしてすねている、めんどくさいやつ」

「ホントは、自分が愛されているのに、うすうす気づいてるけど、長年すねて

きたから今さら恥ずかしくて、その優しさを受け取れないでグズグズ言ってるめんどくさいやつ」

ということですね。バカでしょ～（笑）。

「すばらしい自分」を大事にしてもらってなかったから、いまだに怒っている、それだけなのです。そう、**「自分はすばらしい」と思っているからこそ、ひどいことをされると悲しくて腹が立っているのです。**

つまり、それに気づいて「自分はダメだ」という大前提から「自分はすばらしい」という大前提に変える。ただ、それだけ。

それだけで、「今」が幸せになる。

「過去」も、「未来」も、幸せになるのです。

「今」のこの状態が「最悪なんだ」「不幸なんだ」「かわいそうなんだ」「ダメなんだ」という「大前提」から、これ「でも」幸せなんだ、これ「が」幸せなんだと「知る」だけで、「気づく」だけで、幸せになるんです。

「今」の自分には、愛も、自由も、健康も、お金も、豊かさも、才能も、魅力も「ない」という大前提から、

「あるんだ」
「あったんだ」
「気づいてなかっただけなんだ」
「これでも、愛されていたんだ」
「これでも、認められていたんだ」
「ダメでも、ここにいていいんだ」

に変える。

つまり**「ある」という大前提に変わるだけで、「問題」は消える**のです。

そう、**自分で作った問題は、自分が答えを見つけたら消える**のです。

人・出来事・環境を、自分の存在を、「勝手に」問題としていただけだから、「勝手に」幸せになっていいのです。

そして、「幸せ」の証拠が、その直後から集まってくるのです。

すべての問題は最初からなかったのです。

あなたが「いる」だけで、問題は消えるのです。

そのぐらい、あなたはすばらしくて、影響力があるのです。

ただ、そこに「いる」だけで、人を喜ばせ、幸せにしてしまう〝魅力〟を放っているのです。

「知らなかった」でしょ？

心屋仁之助

本書は、オリジナル作品です。

心《こころ》屋《や》仁《じん》之《の》助《すけ》の
「ありのままの自分《じぶん》」に○《まる》をつけよう

著者　心屋仁之助（こころや・じんのすけ）
発行者　押鐘太陽
発行所　株式会社三笠書房
〒102-0072 東京都千代田区飯田橋3-3-1
電話　03-5226-5734（営業部）03-5226-5731（編集部）
http://www.mikasashobo.co.jp
印刷　誠宏印刷
製本　宮田製本

 ISBN978-4-8379-6712-5 C0130

＊落丁・乱丁本は当社営業部宛にお送りください。お取替えいたします。
＊定価・発行日はカバーに表示してあります。

王様文庫